막시밀리안 콜베

마리아 비노프스카 | 김동소

Le Secret de Maximilien Kolbe

Maria Winowska
Tr. by **Kim Dongso**

Copyright © 1971 by Editions Saint-Paul, Paris-Fribourg
Korean translation copyright © 1974 by ST PAULS, Seoul, Korea

ST PAULS
103-36 Songjung-dong Gangbuk-gu 142-806 Seoul Korea
Tel 02-9448-300, 02-986-1361 Fax 02-986-1365

국립중앙도서관 출판시도서목록(CIP)

막시밀리안 콜베 / 마리아 비노프스카 지음 ; 김동소 옮김.
— 서울 : 성바오로, 2004
　p. ;　cm

ISBN 978-89-8015-166-0 03230
ISBN 89-8015-166-7

238.2099-KDC4
282.092-DDC21   CIP2004001174

* 막시밀리안 콜베 신부와 두 개의 관

머 리 말

　　사랑은 결코 멸시당하거나 조롱받을 수 없다. 또한 인간이 사랑만큼 갈구해 온 것도 없다. 참된 사랑이란, 어떤 대가를 치르더라도 아무 사욕 없이 남에게 자신을 주는 것이다.
　　절망 속에 빠져, 인간과 신에 대한 신뢰를 완전히 잃어버린 어떤 친구의 도전을 받았을 때 나는 막시밀리안 콜베 신부를 생각했다. 이 신부는 알지도 못하는 사람 대신에 아사 감방(餓死監房)에 들어가 죽은 사람이다.
　　"살육이 자행되는 강제 수용소 안에도 성인이 있단 말이냐? 진정한 성인, 자신보다도 이웃을 더 사랑한 성인이 만약 있다면 내게 보여 달라!"
　　강제 수용소에서 나온 그 친구는 이렇게 나에게 도전적으로 말했다. 나는 그 도전에 응하기 위해 이 책을 썼다.
　　그 강제 수용소의 친구 피에르가 나의 이 반격에 완전히 굴복했다고 나는 감히 선언할 수 있다. 막시밀리안 신부는 그 친구를 완전히 매료시킬 수 있었던 것이다. 아우슈비츠 강제 수용소에서 나온 그 친구는 끊어졌던 신앙의 유대를 회복했다. 인간을 재발견함으로써 신을 찾았던 것이다.

  피에르와 같은 수많은 나의 형제들이여, 여러분들에게도 광명이 내리기를!

지은이

차 례

머리말/4
두 개의 관/9
섭리의 약제사/14
성소의 위기/19
로마의 메시지/26
성인학의 습득/33
정복의 계획과 무한한 사랑/54
조롱받는 예언자/66
약속의 꽃핌/77
그로드노로 가다/92

위대한 화가와 화필/112
니에포칼라누프 방문/123
벚꽃 피는 나라에서/134
죽음을 앞두고/155
신부의 출전/170
십자가의 길/181
성모님과 함께/193
부록/209
연보/214
옮기고 나서/217

두 개의 관

그의 부모는 가난한 사람들이었다. 평범한 방직공으로 생계를 위해 억척같이 일해야 했다. 그 무렵 폴란드에서 하루 노동 시간은 10시간이었는데 임금이 낮을 뿐 아니라 그것도 중개인들이 마음 내키는 대로 결정하는 실정이었다. 이 중개인들은 많은 소규모의 공장에서 엄청난 수고와 정성을 들여 만든 아름다운 옷감을 전매(轉賣)하여 막대한 이득을 얻고 있었다.

초기 로지의 대공업에 종사하는 직공은 자기 집에서 착취자가 시키는 대로 일할 뿐이었다. 콜베 부부 두 사람이 하루 열 시간씩 땀흘려 일해도 가족을 겨우 부양할 만큼의 벌이밖에 되지 않았다.

줄리오 콜베는 체격이 건장한 금발의 청년으로 성격은 온화하면서도 좀 과묵한 편이었다. 술도, 담배도 하지 않는 그는 열심히 성당에 나갔다. 이런 됨됨이 때문에 부인 마리아 다브로프스카의 사랑과 청혼을 받을 수 있었다. 마리아 다브로프스카의 면모는 비교적 자세히 엿볼 수 있다. 그녀는 몇 통의 편지를 남기고 있는데 이 편지는 과장된 문체에 서투른 필체로 돼 있으나 가슴을 찐하게 하는 대목이 많이 있다.

어렸을 때 마리아는 수녀가 되고 싶어했던 것 같다. 그러나 그 무렵(1875년 경) 폴란드는 러시아의 지배를 받고 있었는데 수도원이 폐쇄되고 수녀는 수도복을 벗고 분산되어 생활하고 있었다.

마리아는 "수녀가 못 되느니 차라리 죽게 해주소서."라고 기도하였다. 그러나 그녀에게 결혼이 그리 큰 희생은 아니었던 것 같다. 그녀는 미래의 남편이 매우 덕이 있고 유순함에 감탄하여 자진하여 줄리오를 남편으로 선택했던 것이다. 그리고 가난한 가정을 가까스로 꾸려 나간 것도 바로 그녀였다. 활동가였고, 신심깊고, 말이 좀 많기는 했으나 굉장히 부지런하고 수단좋은 그녀는 적은 가족을 원만하게 잘 이끌어 나갈 수 있었다.

그녀는 다소 매서운 점이 있었지만 이 매서움도 은총의 힘으로 온화해질 수 있었다. 남자애들—그녀에겐 아들밖에 없었다—위로 둘은 어렸을 때 죽었고 프란치스코와, 이 책의 주인공인 레문도(1894년 1월 7일 탄생), 그리고 막내 요셉뿐이었으나 지나치다고 할 만큼 엄격하게 교육했다.

매우 정직했던 레문도지만 엉뚱한 잘못이라도 저지르면 스스로 긴 의자 위에 엎드렸다. 어머니의 회초리를 기다렸다가 태연히 벌을 받고 나서는 또다시 즐겁게 뛰어 놀곤 했다. 어렸을 때부터 레문도는 다른 아이들과 크게 다른 점은 없었고 많은 사람들의 증언에 따르면 퍽 귀여운 어린이었다고 한다.

레문도는 자연을 좋아해서 작은 나무를 즐겨 심곤 했다. 뒷날 사제로 서품된 후 어렸을 때 심은 '그의' 나무들을 보려고 파비아니체로 되돌아 온 적도 있었다. 이 나무는 아직도 남아 있다. 레문도의 가장 큰 과실의 하나로서 다음과 같은 이야기가 전해지고 있다.
 어떤 날 레몬도는 자기 돈으로 달걀을 하나 사서 이것을 부화시켜 보려고 암탉에게 안겼다. 병아리가 되는 것이 보고 싶었던 것이다. 불행히도 어머니는 몹시 화를 냈다. 그녀의 허락을 얻지 않고 그렇게 했기 때문일까? 하여튼 그 결과로 레몬도는 매를 몹시 맞았다고 한다.
 또 어떤 사람들이 조심스럽게 말한 바에 의하면 레몬도는 얌전한 어린이는 아니었던 것 같다. 과격한 기질에 독립성이 강하며, 활발하고 결단성이 있었으나 좀 분별이 없고 고집쟁이어서 레몬도는 어머니를 못 견디게 만들기 일쑤였다. 어느 날 어머니는 더 참을 수 없어 소리질렀다.
 "얘는 도대체 뭐가 될까!"
 이 말 자체보다도 두 손을 모으고 하늘을 바라보며 발한 이 말의 어조가 더 마음 속 깊이 파고들었음에 틀림없다. 이 꾸지람은 어린 레몬도의 영혼을 깊이 뒤흔들었던 것이다. 어머니의 말에 의하면 이 때부터 레몬도는 '완전히 변해버려' 그렇게 점잖고 유순할 수가 없게 되었다고 한다.
 이 급격한 변화에 놀란 어머니는 레몬도의 행동을 눈여겨 보았는데, 그런 일이 있은 뒤부터 레몬도는 자주 찬장 뒤로 몸을 숨기는 것이었다. 거기엔 체스토코바 성모의 자그마한 제단이 있었고 매주 수요일, 토요일, 일요일에는 이 제단의 램프에 불을 켜두는 관습이 있었다. 그런데 레몬도는 그곳 한쪽 구석에 웅크리고 앉아 오랫동안 기도하고 눈이 빨갛게 부풀도록 울고 나서야 나오는 것이었다. 어머니는 몹시 이상히 여겨 조용히 물어 보았다.

"레문도야 무슨 일이지? 왜 계집애처럼 우는 거냐?"
그녀는 레문도가 병이나 난 게 아닐까 생각했다. 레문도는 머리를 숙인 채 말이 없었다. 그러나 그날 어머니는 당황해 하는 어린 레문도의 영혼의 비밀을 알아낼 수 있었다.
"자, 레문도야. 엄마에겐 뭐든지 털어놓고 얘길 해야 해요. 순종하지 않음 안 돼요."
레문도는 생각했다.
'엄마 눈에 띈 이상 어떤 일을 당하더라도 바로 말씀드리자!'
그는 눈물을 흘리면서 떨리는 목소리로 다음과 같이 말했다.
"엄마, 엄마가 '레문도, 너는 도대체 뭐가 되려니.' 하셨을 때 저는 말할 수 없이 슬펐어요. 그래서 성모님이 계신 곳으로 가서 '나는 뭐가 되겠나요?' 하고 물어봤던 거예요. 그 후 성당에 가서도 그렇게 물었어요. 그런데 성모님이 관을 두 개 들고 제게 나타나셨어요. 하나는 흰 색의 관이고 또 다른 것은 붉은 색의 관이었어요. 성모님은 나를 다정스럽게 바라보시면서 '어느 관을 갖고 싶니?' 하시는 거였어요. 흰 색의 관은 순결을 나타내고 붉은 색의 관은 순교를 나타낸다고 하셨어요. 그래서 제가 '둘다 주세요.'라고 말씀드렸더니 성모님은 빙그레 미소지으시면서 사라지셨어요."
레문도는 잠깐 말을 그쳤다가 다시 덧붙였다.
"그때부터 성당에 갈 때는 엄마 아빠랑 같이 가는 게 아니라 성모님과 요셉 성인과 함께 간다는 생각이 들었어요."
어머니는 이 이야기를 훌륭한 심리학자처럼 해석했다.
"레문도가 완전히 변해버린 것을 보면 이 이야기가 거짓이 아님을 알 수 있습니다. 그날부터 레문도는 정말 딴 사람같이 되어버렸습니다. 그리고 내게 눈을 반짝거리며 순교에 관한 이야기를 자주 했었습니다. 순교는 레문도의 꿈이었나 봅니다."

이런 일은 순진한 어린이들의 생애에 때때로 나타나는 신비 체험의 한 가지가 아닐까? 다행이라 할까, 순진한 어린이는 보통 어른들의 감시를 받지 않게 되는 것이다. 어쩌면 이 일은 위대한 은총, 예언적인 환상이었는지도 모른다. 그러나 물론 꼭 그렇다고 단정할 수도 없는 일이다.

다만 기억해야 할 점은 이 어린이에게 환상적인 면이 조금도 없었다는 것이다. 그는 명랑하고 철저한 현실주의자였고 현대 기술의 진보에 열중했으며 과학에 뛰어났다. 일단 영혼의 위기가 가라앉으면 사람들은 이런 신비적 체험에 대해 이야기하지 않는 법이다. 죽을 때까지 그는 이 비밀을 소중히 숨겨두고 있었다. 그의 전생애는 이 비밀에 의해 인도되고 조명되었지만, 어머니의 엄명 때문에 그녀에게 한 번 말한 후로는 절대적인 침묵을 지켰던 것이다. 다만 죽기 직전에 이 비밀이 그의 입에서 새어나온 적이 꼭 한 번 있었지만 그것도 심한 수치심으로 곧 그쳐버리고 말았다. 그러면서 그는 쓸데 없는 말을 한 것을 크게 뉘우쳤다. 그의 천성이 개방적이고 명랑, 담백했지만 결코 누구에게도 이 비밀은 밝히지 않았던 것이다.

이미 열 살 때—그때 그의 나이는 겨우 열 살이었다—그의 마음은 항상 완전히 성모 마리아에게 사로잡혀 있었다. 그는 성모 마리아만으로 부족함이 없었으니 마리아는 그의 마음의 친구요, 그의 여왕이며, 그의 주인이었기 때문이다.

섭리의 약제사

위대한 출발

레문도는 자기가 심은 작은 나무들처럼 무럭무럭 자랐다. 여러 증인들의 말을 들어보면 그는 퍽 매력적인 소년이었던 것 같다. 그런데 영혼의 일대 변혁이 있은 후 그는 완전히 어른스러워져 어린이에게 흔히 있는 작은 결점도 갖지 않으려고 노력했다. 또 그는 무척 영리한 편이었지만 이것은 그때까지 별로 알려지지 않았다.

많은 가난한 사람들이 그랬듯이 그의 부모도 학비를 댈 수가 없어 아들들에게 읽는 법, 쓰는 법을 가르쳤으나 부모의 학식도 이렇다 할 게 없어 특별히 귀여워하던 장남 프란치스코만 큰 희생을 무릅쓰고 파비아니체 상업학교에 입학시켰다. 레문도는 집에서 가정을 돕지 않으면 안 되었다.

어머니는 너무나 빈약한 남편의 수입을 보충하기 위해 온갖 노력을 아끼지 않았다. 그녀는 자그마한 가게를 내어 청어, 절인 배추, 마늘, 양초, 노끈 등 가난한 사람들에게는 요긴한 필수품들을 팔았다. 어린 레문도는 산술에 능했으므로 곧 어머니 대신으로 일할 수 있었다. 어

섭리의 약제사

머니는 산파 일도 보고 있어서 식사 준비를 하다가도 불려가곤 했다. 어머니가 외출했을 때는 레문도가 밥짓는 일을 맡게 되었는데 이런 일에도 능해서 훌륭히 해치워 버리곤 했다. 어머니의 이야기에 의하면 레문도는 영양가 있는 요리를 잘 생각해 냈으므로 늦게 돌아온 그녀를 놀라게 했다는 것이다. 이런 일들은 그녀가 노년에 눈물을 흘리며 말해 준 것들이다.

확실히 이런 상태에서는 어린 레문도의 꿈이 실현될 수 있을 것 같지 않았다. 평생 따지고, 돈 계산이나 하면서 살지 않으면 안 될 것처럼 보여졌다. 그러나 감탄할 일은 레문도가 자기 희망을 조금도 말하는 법 없이 묵묵히 시키는 일을 할 뿐이었다는 점이다.

이 무렵부터, 아마도 성모 발현의 날부터 레문도는 신의 섭리의 신비적인 이끄심에 조용하면서도 영웅적으로 순종하고 있었던 것 같다. 이것은 그의 전생애의 가장 뚜렷한 특징으로서 성모 발현의 특별한 은총으로 인해 얻어진 것 같았다. 성모 마리아로부터 특별히 총애받는 사람들은 순종의 영웅이 되는 법인데 그들은 평생을, 최후의 희생을 바칠 때까지도 구원을 우리에게 가져다 준 성모 마리아의 '피앗(fiat)'을 흉내내는 것이다.

이것이 선택된 사람의 표적이다. 물론 어린 레문도가 그런 것을 알리 없었다. 성모 마리아께서 그에게 신학을 강의하신 게 아니기 때문이다. 그러나 성모님은 이 소년에게 몸을 굽혀 "하라고 시킨 것은 무엇이나 다 하도록 해요. 뒤는 내가 다 맡을 테니까요."라고 말씀하신 것이라 생각되는 것이다.

신의 섭리는 코토프스키라는 약제사의 모습을 하고 나타났다. 활짝 개인 어떤 날 아침 어머니는 자기가 간호하던 환자를 위해 레문도에게 약을 지어오라고 했다. 레문도는 뛰어난 기억력으로 라틴어 처방을 한숨에 외어 버렸다. 사람좋은 약제사는 좀 놀란 눈으로 그를 쳐다보며 물었다.
"어떻게 그 말을 알고 있지?"
어머니한테 들은 것을 그대로 되풀이했다고 말했어야 옳았으리라. 그러나 소년은 자기가 한 일이 자랑스럽다는 듯이 대답했다.
"야코프스키 신부님이 라틴어를 가르쳐 주셨어요."
레문도는 아직 성인이 아니었다. 그의 목소리에는 자랑하려는 마음이 숨겨져 있었던 것이다.
약제사는 소년의 똑똑한 태도가 마음에 들어 계속해 물었다.
"라틴어도 좋지만, 너 학교엔 다니고 있니?"
그러자 소년은 숨김 없이 이야기했다.
"아녜요, 형님이 상업학교에 다니고 있어요. 형님은 신부님이 되겠대요. 나는 집에서 부모님을 도와야 해요. 부모님은 돈이 없어서 둘씩이나 공부시킬 순 없으시대요."
약제사는 잠깐 생각해 봤다. 소년의 태도가 마음을 끌었던 것이다. 그는 말했다.
"너를 그대로 버려 두기 아깝구나. 우리 집에 와서 나한테 공부를 배워라. 그리고 금년 말에 형과 함께 시험을 치도록 해라."
친절한 코토프스키 씨는 한 마디로 레문도 콜베의 장래를 결정해 버렸던 것이다. 그는 이 무렵 여유가 생기는 대로 가난한 어린이들을 위해 힘쓰는 수많은 애국자들 중의 한 사람이었는지도 모른다. 러시아 점령 하에서 의무교육 제도가 없어진 후 흔히 그런 사람들이 있었기 때문이다. 그렇지만 코토프스키 씨에 대해서 알려진 것은 아무것도 없다. 다만 뒷날 콜베에게 영광을 가져다 준 이 에피소드만 전해 올 뿐이다.

공부할 수 없는 처지를 괴로워하고 있었던 소년의 기쁨은 컸다. 어머니는 이렇게 쓰고 있다.

"그는 나는 듯이 집으로 돌아왔다. 그리고는 즉시 그에게 뛰어든 이 커다란 행복에 관해 이야기했다."

코토프스키 씨의 눈은 정확했다. 소년은 전력을 다해 공부했으므로 형을 뒤따랐고 훌륭한 성적으로 모든 시험에 합격했다. 그 부모는 큰 용기를 내어 레문도도 학교에 넣기로 했다.

어떤 급우의 증언에 의하면 레문도는 학급에서 제일 머리가 좋았고 특히 수학에서 뛰어나 어떤 문제도 쉽사리 풀어냈다고 한다. "그는 무엇이든지 잘 해냈습니다." 급우는 이렇게 덧붙이고 있다.

어머니는 아들들을 이전과 마찬가지로 계속 엄격하게 지도했다. 학교에 빠지기나 하면 큰 벼락이 떨어졌다. 여학생과 이야기하는 것도 금지되어 있었다(형인 프란치스코에게는 이런 경향이 많이 있었다.). 수업이 끝나면 잠시도 딴전을 피우는 일 없이 집안을 돕지 않으면 안 되었다.

4년 후 프란치스코회 선교사들이 입회 지원자를 모집하러 파비아니체에 왔다. 프란치스코와 레문도는 용기를 내어 라부프의 소(小)신학교에 입학시켜 달라고 부탁했다. 자세한 것은 알려지지 않았지만 한 가지 점만은 분명한데, 그것은 그의 부모도 완전히 동의했다는 사실이다. 아버지는 오스트리아령이던 크라쿠프까지 손수 두 아들을 데리고 갔다. 거기서부터는 남몰래 국경을 넘어야만 했는데 조국이 분할된 이후 이렇게 위험을 무릅쓰고 국경을 넘는 일이 폴란드 사람들에게 흔히 있었다(18세기 말 경에 폴란드는 독일, 러시아, 오스트리아에 의해 강제로 분할 점령되었다.).

　국경을 지나서부터 두 형제는 기차를 타고 라부프까지 갔는데, 나서 처음으로 자기들끼리만 여행을 하게 된 두 형제는 두근거리는 가슴을 억제하지 못했다. 1907년 신학기 때의 일로서 레문도는 열세 살이었다.

성소의 위기

기사와 수도복

이 무렵 라부프는 갈리시아의 수도였다. 갈리시아란 이름은 가칭이었는데 그곳에는 오스트리아에 합병된 폴란드의 여러 주(州)가 포함되어 있었다.

'매우 친가톨릭적이었던' 오스트리아 황제들은 점진적 동화 정책이란 교묘한 방법을 쓰면서 그곳 속국민들의 신앙을 존중했으므로 오랫동안 질식 상태에 있던 수도원의 생활은 새로운 발전을 시작했다.

거의 모든 수도원의 수련원이 이 지방에 있었는데 뒷날 몰래 국경을 넘어 러시아 또는 독일의 점령 지역에 가서 활동한 선교사도 여기서 양성했던 것이다. 콘벤투알 성 프란치스코 수도원(창설자 성 프란치스코의 직계 정통 수도원, 프란치스코회는 프랑스 혁명으로 폐쇄되었다가 얼마 후 세 개의 수도원이 먼저 복구되었는데 그 중 하나가 프랑수아 레지의 출생지인 퐁쿠베르트에 있었다.)도 오랫동안의 쇠약 상태에서 서서히 부흥하기 시작했다. 지원자의 모집도 좋은 성적을 나타내어 선교사들은 거의 항상 '왕국(러시아 점령지역을 이렇게 불렀다.)'에서 새로운 지원자를 데리고 돌아왔다.

　레문도는 공부를 계속하고 있었다. 수학과 과학을 특히 좋아해서 급우들의 선망의 대상이 되었지만 교사들에게는 곤란한 상대였다. 왜냐 하면 악의에서가 아니라 단순한 호기심에서 각양각색의 어려운 질문을 다 퍼부었기 때문이었다. 레문도는 퍽 어려서부터 발명의 재능을 나타냈다. 산책 시간에도 어려운 계산을 하며 재미있어했고, 유성 여행을 생각해 내기도 했으며, 급우들에게 언젠가 달까지 여행할 기계를 만들어 낸다고 말해 그들을 놀라게 했다.

　레문도는 전략을 세우는 것을 무엇보다도 좋아했다. 어느 날 공원에서 라부프를 난공불락(難攻不落)의 요새로 만드는 계획을 세웠다. 그는 또 아무도 모르는 놀이를 새로 생각해 내기도 했다. 그것은 나무 조각들을 가지고 '전략적 단위'를 나타내는 말을 만들어서 복잡한 장기판 위에 정렬하고는 몇 시간이나 걸려 두 편이 가상 전쟁을 벌이게 하는 것이었다.

　어느 날, 극히 치밀한 작전 계획을 세우고 있었는데 수사 한 사람이 와서 다짜고짜로 장기판을 흩뜨려 버렸다. 레문도는 화가 나서 얼굴이 새빨개지고 눈에 눈물이 글썽거렸으나 자신을 억누르고 한 마디 말도 하지 않았다. 놀이는 즐기는 점에서는 꼭 어린애 같았지만 놀랄 만큼 조숙해서 사람들을 경탄케 하였다.

　대다수의 폴란드 사람들처럼 레문도의 혈관에도 군인의 피가 흐르고 있었음에 틀림없었고 군대 생활에 대해 강한 매력을 느끼고 있었다. 급우 한 사람은 "만일 그가 수도원에 들어오지 않았다면 반드시 대전략가나 천재적 발명가가 되었을 것임에 틀림없다."고 말했다.

　여기서 그의 영혼의 두 번째 위기에 대해 말해 보기로 한다.

그가 열여섯 살이 되어서였다. 수도원에 들어갈 것인가 아닌가를 결정할 때가 왔던 것이다. 레문도는 주저했다. 그는 순진하게도 군인이라는 직업과, 그의 마음의 여왕인 성모 마리아에게 온몸을 바친 기사라는 직업이 완전히 일치할 수 있다고 믿고 있었다. 그런데 주의할 점은 그의 이 영적 위기가 관능의 위기와는 아무런 관계도 없었다는 것이다. 그는 이미 끝없는 정복을 마음 속에 그리고 있었다. 그러나 정복자는 모두 군인이 아닌가? 수도자가 되어서도 이런 무용(武勇)을 떨칠 수 있을까? 그는 관구장에게 가서 "저는 이곳에 머물지 않겠습니다. 성소(聖召)를 느낄 수 없습니다."라고 말하기로 결심했다.

그렇지만 또다시 섭리의 간섭이 행해졌다. 레문도가 바로 관구장에게 가는 도중에 응접실에서 그를 부르러 왔다. 그의 어머니가 몹시 감동적인 중대한 뉴스를 알리러 와 있었던 것이다. 셋째 아들 요셉이 두 형처럼 수도 생활을 선택했고, 그래서 부모들도 수도원에 들어가 오랜 숙원을 이루기로 결심했다는 소식이었다. 아버지는 크라쿠프의 프란치스코회 수도원에 들어가고 어머니는 베네딕트회 수녀원에 들어가기 위해 라부프에 왔다. 이로써 가족 전부가 하느님께 바쳐지게 된다고 이야기하는 것이었다.

이것은 레문도에게는 정말 청천벽력이었다. 이런 판국에 어떻게 자기 계획을 털어놓고 말할 수 있는가? 그런데 레문도는 여기서 하느님의 뜻을 찾았던 것일까? 유혹에 넘어가려 한 것은 아니었던가? 그의 눈은 돌연 어두움에서 열려 낭떠러지 옆에 서 있는 듯한 느낌이었다. 어머니가 떠나자마자 그는 '화살처럼' 관구장에게 달려가 숨을 헐떡거리며 수련원 입원을 청했다. 레문도는 그의 성소를 결정한 이 기념할 만한 사건을 평생 잊지 않았다. 9년 뒤 그가 로마에서 어머니께 보낸 편지 속에서 이것을 말하고 있다.
 뒤에 안 일이지만 은총이 레문도의 희망과 재능을 갈아서 다듬은 것은 재주있는 정원사처럼 거기 더욱 아름다운 꽃을 피어나게 하기 위함이었다. 레문도는 그 묘한 생애 중에 여러번 군인과 기사와 대장의 직책을 다하지 않으면 안 되었었고, 순교자―그것도 전쟁의 순교자로서 죽었던 것이다. 현재로서는 미래를 반드시 알 수 없겠지만 그에게서 얻고자 하는 것은 다만 하나, 곧 그의 모든 것을 희생으로 바치는 것이다. 그는 이것을 아낌없는 마음으로 실행한다. 그러나 그의 심장에서는 피가 흐르고 있는 것이다.
 수련원에 들어가자 곧 아주 힘든 시련에 부딪치게 되었다. 몇 달 동안 문자 그대로 세심증(細心症)의 폭풍에 휘말려 버린 것이다. 그러나 이 무서운 영적 질병 덕분에 그 유일한 치료약인 순명 정신을 더욱 쌓아가게 되었다. 수련원의 동료로 브로니슬라스 수사가 있었다. 그는 레문도보다 나이가 위로서 레문도와 한 방에 들어 있었는데 수련장으로부터 레문도를 도와 주라는 명령을 받았다. 그래서 불쌍한 레문도는 하루에도 몇 번이나 그에게 자기의 근심거리를 설명하고 맹목적으로 순종했다. 이 영웅적인 순종의 덕으로 그는 구원되어 폭풍이 그치고 영혼은 다시 맑은 하늘을 맞을 수 있게 되었다. 이렇게 경험을 쌓은 레문도는 뒷날 세심증에 걸린 사람들에 대해 천사와 같은 인내를 보이게 되었다.
 수련원은 '낡은 사람'을 서서히 '새로운 사람'으로 바꿔가는 곳이다. 레문도는 죽고 막시밀리안이 태어났다. 레문도가 어떤 사정으로 이 막시밀리안이라는 수도명을 얻었는가는 알 수 없다. 그가 스스로 이 이름을 택했다고는 생각되지 않는다. 그러나 그는 막시밀리안처럼 그 이름을 역사에 남긴 것이다.

성성 수련(聖性修練)은 책보다도 표양에 의해 얻어진다. 막시밀리안 수사는 다행스럽게도 영웅적 덕행으로 유명했고 그 후 성성의 향기 드높이 죽은 젊은 수도자 베난티 카타르지니엑 신부와 만날 수 있었다.

두 사람은 극히 짧은 기간 ― 1912년 휴가 중에 얼굴을 마주한 데 불과하다. 그러나 젊은 수련자 막시밀리안은 이 신부를 자세히 관찰하여 뒷날 그에 관한 감동적인 기록을 남겼다. 베난티 신부는 휴가가 끝나자 크라쿠프로 떠나 버렸으나 그 짧은 체재에 의해 라부프의 수련원은 아름다운 향기로 가득차게 되었다.

막시밀리안 수사는 두 가지 점에서 깊은 감명을 받았다. 이미 죽을 병에 걸린 이 쇠약한 수도자가 엄격하게 규칙을 지키고 있었다는 것과 우수한 재능을 갖추고 있으면서 더없이 겸손했다는 것이 그것이다. 18세의 수련자는 이 표양을 길이 잊지 못했다.

1911년 그는 유기 서원(有期誓願)을 했다. 1912년 가을, 장상(長上)들은 그가 특별한 재능의 은혜를 받고 있는 것을 보고 토마의 그레고리안 대학에 입학시키기로 결정했다. 이것은 그에게 더없이 기뻐해야 할 일이었다. 그러나 그는 조금도 기뻐하지 않았다. 눈에 눈물을 머금고 관구장에게 유학생의 명부에서 자기 이름을 빼 주기를 청했다. 관구장은 좀 놀랐지만 이것을 승락했다.

그런데 밤이란 참 좋은 조언자다. 막시밀리안 수사는 장상의 희망에 의해 나타난 신의 뜻보다 자기의 의지를 앞세운 게 아닌가 하는 반성을 하게 되었다. 하느님의 뜻에 맹목적으로 몸을 맡겨 오로지 순종할 수만은 없을까? 그는 관구장에게 다시 가서 출발하기로 결정했다고 말하고 다시 명부에 이름을 올렸다.

　필자는 이 이야기를 퍽 흥미롭게 읽었으나, 레문도가 유학을 사양하고 기뻐한 대신 오히려 심한 혐오감을 느낀 이유를 오랫동안 미심쩍게 생각해 왔었는데, 그가 어머니에게 보낸 편지 속에서 이것을 푸는 열쇠를 발견할 수 있었다.

　그는 로마에 관한 여러 가지 괴상한 이야기를 듣고 '로마에서는 여자들이 길 한복판에서 수도자에게 접근하여 늘 귀찮게 따라다닌다.'고 믿고 있었던 것이었다. 막시밀리안 수사는 18세의 미소년이었다. 어떤 종류의 유혹에 대해서는 피하는 게 유일한 약이다. 그는 이 무서운 여자들과 정면으로 부딪치는 것을 피하고 싶었던 것이다. 그러나 순명해야 한다….

　로마를 향해 출발하기 직전 어머니에게 써 보낸 최후의 편지 속에서 그는 밑줄까지 쳐서 다음과 같은 부탁을 하고 있었다.

「어머니 저를 위해 특별히 기도해 주십시오. 저에게는 어머니의 기도가 굉장히 필요합니다. 로마에는 아주 커다란 위험들이 있습니다. 들은 바에 의하면 여자(baby 라는 폴란드 말에는 가벼운 경멸의 뜻이 포함되어 있다.)들이 수도자에게까지 접근해 온다고 합니다. 그런데 저는 매일 강의를 들으러 나가지 않으면 안 됩니다….」

　이 편지는 1912년 10월 28일 자로 되어 있다. 레문도가 로마에 도착한 것은 11월 10일이다. '위험한 여자들'의 생각이 머릿속에 상당히 깊이 박혀 있다고 보였는데, 11월 21일 자로 어머니에게 보낸 최초의 편지에는 다음과 같이 씌어 있다.

「실제로는 제가 생각하고 어머니께 쓴 것만큼 심하지는 않습니다. 이탈리아 여자들이 우리들에게 접근하는 일 말고는 할 일이 없겠습니까? 게다가 우리들은 항상 단체로 통학하고 있습니다.」

이 이야기는 퍽 재미있고 깊은 의미를 갖고 있다. 이탈리아 여자들에 대한 심술궂은 중상 때문에 이 젊은 수도자의 해맑은 영혼이 드러났다고 하겠다. 레문도는 오래 전 성모 마리아께 순결의 덕을 바쳤으므로 이 덕을 위험하게 하기보다는 차라리 로마행을 중지하려 했던 것이다. 그러나 참된 순종은 좋고 싫음을 말하지 않는다. 하느님의 섭리는 로마에서 그를 기다리고 있었던 것이다.

로마의 메시지

성인은 하루 아침에 되지 않는다

결정적이고 무서운 시련이 시작되었다. 로마는 시간과 영원이 교차하는 갈림길의 한복판에 우뚝 솟아 세상을 내려다 보고 있다. 로마에 접근하는 사람은 마치 나무들이 교묘하고 참을성 있는 가지치기에 굴복하는 것처럼 그 엄격한 균형에 서서히 감화된다.

로마는 존재와 사물의 핵심에 바로 들어가서는 그 외의 것을 경멸하고 본질적인 것만 목표로 삼는다. 로마가 묵시록에 나오는 진리의 척도인 황금의 갈대를 상속받지는 않았지만 로마와 대결하기 위해서는 '본연의 자기' 모습대로 생활해 나갈 것을 승락하지 않으면 안 된다. 이것은 핀다로스의 유명한 말로서 영원히 잊지 않을 샤를 뒤 보스도 다시 우리들의 주의를 환기시킨 바 있다.

막 도착해서 즐겁기만 한 폴란드의 젊은 수도자들은 그들이 인접한 건물들로부터 그들 각자에게 던져지는 무언의 물음을 아직 읽어 낼 수 없었다. 그들은 저 팔라티노가 그 창가에서 장엄하게 발하는 위대함에의 권유를 아직 이해하지 못한다.

그들은 우뚝 솟은 언덕에 이어져 있는 산테오도로 거리의 프란치스코회 국제학원에서 살았다. 그들은 여기 오기 전에 아무런 예비 지식을 얻지 못했었다. 알고 있던 것은 다만 한 가지, 즉 그리스도교 세계의 심장인 로마에 교황이 계시다는 것뿐이었다. 그러나 이것이야말로 꼭 알아야 할 일이었다. 그 밖의 것은 참을성 많은 교육자인 로마가 모두 가르쳐 줄 것이 틀림없기 때문이다.

막시밀리안 수사가 모친에게 보낸 편지는(이 시대의 친필 문헌은 이것밖에 남아 있지 않다.) 솔직히 말해 평범하다. 이 젊은 수도자는 눈을 크게 열어 관찰해 본 것을 그의 일생의 특징이었던 정밀한 감각으로 묘사하고 있다. 주위의 위대함에 압도된 모습은 조금도 보이지 않고 봄철의 어린 나무처럼 영양분을 흡수하고 있었다. 동화 작용은 분명 서서히 행해진다. 18세의 나이로는 아직 역사적 감각을 가질 수 없었던 것이다.

그렇지만 조금씩 어조가 변해가기 시작했다. 서툰 표현 속에 감동적인 말이 나타나기 시작했다. 행간을 읽을 수 있는 사람이라면 그의 영혼이 심원해 지는 것을 똑똑히 알아차릴 수 있다. 은총은 쉬지 않는다. 그리하여 이 젊은 수도자의 극히 유순한 본성 속에서 꽃피는 것이다.

다음에 몇 가지 실례를 들어 보자. 성 베드로 대성당에서의 성주간과 베로니카의 수건에 의한 장엄한 축복. "나는 친구에게서 쌍안경을 빌려서 바라보았습니다. 그러자 수건에 기적적으로 새겨진 예수님의 얼굴이 정말로 저에게 보였습니다." 콜로세움 관광(핏방울이 얼룩진 이곳에 서서 그는 두 개의 관의 약속을 회상했을 것이다.). 프란치스코회를 예수 성심께 봉헌하는 장엄한 의식의 감동에 찬 묘사. 교황의 도시와 전세계 강복.

　그 자신에 관해서는 아무것도 말하지 않고 있다. 다만 어머니께 그녀를 깊이 사랑한다고 써 보낼 뿐이었다. 그는 넌지시 둘러대어 말하려고 했을까? 아니면 자신을 표현하는 능력이 없었던 것일까? 혹은 폴란드 서민의 자제는 모두 묘사하기 위해서만 글을 쓸 뿐 깊은 감동을 일으키는 사물에 대해서는 말하는 훈련이 되어 있지 않은데 이 습관 때문일까? 나는 오히려 이 젊은 수도자가 어떻게 해서든 자기를 교묘하게 표현해 내는 점으로 미루어 보아 그 영혼의 특이한 수치심, 굳게 비밀을 지키려는 마음 때문에 속마음을 밝히지 않았다고 생각한다. 왜냐 하면 이 무렵의 동료들의 증언에 의하면 막시밀리안 수사는 아주 특별한 사람이 되어 있었기 때문이다. 이상하게도 동료들은 모두 '그가 성인이었다.'라는 한 가지 점에서 일치하는 것이다.

　여기서 다시 한 번 그런 태도의 잘못을 지적해 두고자 한다. 이 책의 주인공의 덕행을 빛나게 하는 최후의 사건과 비교해서 그 훨씬 이전의 사건에 대한 증명을 행하는 경우에는 이 최후 사건에 비추어 다른 사건들을 판단하여 사소한 것을 필요 이상으로 중요시하는 위험이 많이 있는 것이다.

　성성으로의 상승이란 어려운 일로서 하루 아침에 이루어지는 것이 아니다. 그 단계를 혼동해서도 안 된다. 1913년의 막시밀리안 수사는 성성에 대해 열렬한 매력을 느끼고는 있었지만 아직 성인은 아니었다. 최상의 단계에 오른 시기를 찾는 일은 그만두자. 이것은 성령의 비밀이기 때문이다. 다만 한 가지 — 은총도 독특한 방식으로 생성의 법칙을 존중한다는 것을 아는 것만으로 만족하자. 언젠가 유명한 신학자가 나에게 다음과 같이 말한 것이 생각난다.

"신학교 시절 우리들은 흔히 '저 사람은 경본의 제2 야과경(夜課經)처럼 거짓말을 한다.'는 말을 했습니다. 왜 그렇게 말했는가 하면 케케묵은 성인전에는 성인들을 '완성된 사람'으로 다루지, 결코 '완성되어 가는 사람'으로는 다루고 있지 않기 때문입니다."

그런데 막시밀리안 수사는 '완성되어 가는 중'에 있었고, 올바른 지향 속에 살고 있을 뿐이었다.

이 무렵의 편지 중에 특별히 주목할 만한 것이 하나 있다. 1914년 4월 6일 자의 편지가 그것으로서 두 부분으로 나누어져 있는데 첫째 부분이 특히 중요하다고 생각한다. 왜냐 하면 그 부분이 그의 내밀한 생활, 굳이 말하자면 그의 영성의 일면을 보이고 있기 때문이다.

그는 어머니께 부활 축하를 드리고 있다.

「어머니, 저는 어머니의 건강이나 행복을 위해 기도하지 않습니다. 왜냐 하면 나는 그것보다도 더 훌륭한 것을 바라고, 하느님도 어머님을 위해 그 이상 희망하실 수 없을 만큼 좋은 것을 희망하기 때문입니다. 그것은 참으로 인자하신 하느님 아버지의 뜻이 만사에 있어 어머님 속에서 행해지는 것, 어머님이 만사에 있어 하느님의 뜻을 행하는 것입니다. 이것이 어머님을 위해 제가 바라고 있는 최고의 소원입니다. 하느님께서도 어머님을 위해 이것 이상의 것을 바라실 수가 없을 것입니다.」

주의해 보자. 이것이야말로 그가 목표로 한 영성 생활의 계획이고 그가 철석 같은 의지를 가지고 실행하고 있던 계획이었던 것이다. 둥글고 귀여운 얼굴에 날카롭지만 유순한 눈을 한 이 젊은 수도자는 너무나 정확한 과학에 열중해 있어서 말 장난을 할 줄 몰랐다. 그는 모든 말을(복음서의 말씀을 위시해서) 문자 그대로 해석했고, 말한 것은 어김 없이 실행했던 것이다.

다음의 일화는 이 점을 더 분명하게 보여 준다. 나는 그의 편지 한 구절을 그대로 인용하려 한다. 왜냐 하면 뒷 사람들의 증언은, 그의 모친의 증언까지도 이것을 지나치게 수식할 뿐이기 때문이다. 이 사건은 젊은 수도자가 말한 그대로 적는 편이 훨씬 감명 깊다. 그는 이렇게 써 두었다.

「나는 오른손 엄지 손가락을 잃어버릴 뻔했습니다. 원인 모를 부스럼이 생겨 의사에게 치료를 받았지만 고름이 그치지 않았습니다. 마침내 의사는 뼈가 썩기 시작했으므로 끊어내지 않으면 안 되겠다고 선언했습니다. 이것을 듣고 나는 아주 좋은 약을 갖고 있다고 대답했습니다. 사실 교장 신부님이 나에게 루르드의 물을 주시며 기적적인 완쾌의 이야기를 해주셨던 것입니다. 이 신부님은 12세 때 발을 다쳤었습니다. 뼈에 고름이 괴어 잠은커녕 아프다고 소리 지를 수도 없을 정도였다고 합니다. 마침내 발을 끊어내게 되었습니다. 그날 저녁 몇 명의 의사가 모이기로 되어 있었습니다. 이것을 보고 모친은 다른 약으로 치료했습니다. 그녀는 고약을 죄다 떼어 내고 비누로 아픈 발을 씻은 뒤 루르드의 물로 찜질을 했습니다. 그랬더니 교장 신부님은 처음으로 잠을 잘 수가 있었습니다. 15분 뒤 그는 잠에서 깨었는데 그 때엔 병이 완쾌되어 있었습니다. 기적이 분명했습니다. 신앙이 없었던 의사는 이 사건에 다른 해석을 내리려고 했습니다. 그러나 며칠 후 썩은 뼈 한 개가 발바닥에서 떨어져 나왔는데, 의사는 이 뼈가 화농한 뼈라는 것과 이 완쾌는 기적적이라는 것을 승인하지 않을 수 없었습니다. 의사는 마음에 감동을 받아 자비로 교회를 세웠습니다.

그런데 의사는 내가 루르드의 물을 갖고 있다고 하자 기뻐하며 이것으로 나에게 실험해 봤습니다. 어떻게 됐겠습니까? 이튿날 병원에 가자 외과 의사가 수술할 필요가 없을 것 같다고 말했고, 몇 번 치료받은 후 병은 완쾌되었습니다.

하느님께 영광을, 원죄 없으신 성모님께 감사를!」

이 완쾌는 기적적이었다. 이 점에 대해서 모든 증언이 일치하고 있다. 그러나 이미 원숙한 손으로 만들어 놓은 그의 영성 생활의 계획이 완쾌라는 사실과 일치되는 것을 단순히 우연의 일치라고만 볼 수 있을 것인가? 루르드를 잘 아는 사람들은 성모 마리아의 방법도 잘 알고 있다. 육체의 완쾌는 말하자면 일반에게 보여지나, 영적 은총은 우리들의 얕은 이성의 눈에 잡히지 않으며 육체의 완쾌를 무한히 능가하고 또 많은 경우에는 육체의 완쾌와 같이 행해지는 것이다.

막시밀리안 신부의 기록 중 '원죄 없으신 성모'가 단적으로 문제시된 것은 이것이 처음이다. 폴란드에서 대대로 존경받아 온 성모의 칭호는 '하느님의 어머니'였다. '원죄 없으신 성모'라는 성모 마리아의 유례 없는 특권을 기리는 이 명칭이 일상 용어로 되기까지에는 이 책의 주인공에 의해 열렬히 추진된 작은 혁명이 필요했다. 그런데 그는 로마에서 '원죄 없으신 성모'를 발견했던 것이다.

1914년은 그에게는 은총의 해였다. 11월 1일 '모든 성인의 축일'에 그는 종신 서원을 했다. 이것은 선량하게 태어난 영혼에게 이미 결정되었던 일이었고 힘찬 상승으로의 초대였다. 명석한 정신을 타고

났고, 논리를 깊이 사랑하며, 만사에 있어 논리적 결론을 구하고 있던 이 젊은 수도자는 전문가로서 완덕의 길에 투신하고 있음을 자각했다. 강력한 은총이 이것을 도왔다. 이 무렵부터 그는 서서히 변화하기 시작했다. 번데기였던 그가 조금씩 나비의 날개를 몸에 붙이는 것이다. 앞으로는 아무것도 그의 비상을 방해하지 못할 것이다.

이럴 무렵 전쟁이 발발했다. 그러나 전쟁은 이 젊은 수도자에게 강력하면서도 영혼에 대한 커다란 단련의 첫걸음이었다. 진실로 신을 사랑하는 사람들에게는 모든 것이 — 전쟁까지도 — 유익한 것이 된다. 제1차 대전은 그를 성숙시켰고 제2차 대전은 그에게 영광을 가져다 주었다. 그의 놀라운 생애는 결국 두 개의 대전 사이에서 이룩된 셈이다.

성인학의 습득

사실을 말해 주는 문헌

오스트리아 점령지 출신의 폴란드인 동료들은 모두 이탈리아를 떠나지 않으면 안 되었다. 막시밀리안 수사는 러시아의 여권을 가지고 있었기 때문에 몇 주간 동안이나 산마리노에 억류되어 있다가 그 후 로마로 돌아가도 좋다는 허가를 받았다. 산테오도로에서는 전쟁 보도에 흥분하고 있었다.

학원 원장 이뉴디 신부는 바티칸을 방문하고 나면 늘 교황이 크게 염려하는 바에 관해 이야기하는 것이었다. 이 신부는 교황의 두터운 신임을 받는 친구였다. 그리스도교의 국가들이 전쟁 때문에 형제의 유대를 파괴하고 있다. 이 일만큼 교황의 마음에 큰 고통을 주는 일이 있겠는가? 산테오도로의 국제학원에서는 젊은 사람이나 늙은 사람이나 모두 말할 수 없는 슬픔을 나누고 있었다.

막시밀리안 수사는 막연한 사상을 좋아하지 않고 말 장난도 즐기지 않는다. 교회가 괴로워하고 있다. 교황이 괴로워하고 있다. 악의 세력이 미쳐 날뛴다. 이것만은 염려없다고 생각했던 진지가 악의 세력에 의해 분쇄되고 있다. 그리스도교적 애덕은 철조망을 앞에 놓고 멎어 버렸다. 사제들까지도 적에 대한 사랑을 말하려 하지 않는다.

그렇지만 한쪽 구석에서 팔짱만 끼고 방관할 때인가? 반격을 준비해서 행동으로 옮겨야 하지 않겠는가? 군비를 계산하고 유효한 무기를 가려내서 난공불락의 진지를 쌓자. 보라, 막시밀리안 수사여, 지금이야말로 훌륭한 전략을 세울 때가 아닌가? 전쟁을 시작해서 승리를 얻을 때가 아닌가? 중도에서 그치는 사람은 불행한 사람이다. 면밀하게 세운 계획을 최후까지 실행해야 한다.

막시밀리안 수사는 숙고하면서 기도했다. 그는 전에 장난삼아 '독수리의 도시' 라부프의 방위 계획을 세운 적이 있었다. 바로 지금 그가 계획하고 있는 일은 이와는 다른, 보다 원대한 것이다. 그리스도교 세계 전체가 위험에 직면해 있는 것이다. 영혼들이 멸망하고 있다. 그러니 이 모든 영혼들을 구해 내지 않으면 안 되는 것이다.

막시밀리안 수사에게는 군인의 피가 흐르고 있고, 그 마음의 주인은 '무적의 모후'이시다. 폴란드의 성모 마리아께 대한 신심은 그 역사를 꾸며 온 시련의 불꽃 속에서 꽃피고 있다. 전통적인 올바른 논리에 의해 결론을 이끌어 내자. 그녀와 동맹하면 승리는 확실하다.

나는 이 스무 살 난 수도자의 열렬한 사고의 발걸음을 모두 더듬어 보려는 것이 아니다. 다만 그 주요 단계를 보이려는 데 그칠 뿐이다. 막시밀리안 수사는 이 무렵에 이미 그가 전생애에 걸쳐 드러냈던 특징을 보여 주고 있다. 결국 그는 이때부터 '철석같은 논리'로 살아가고 있었던 것이다. 그만큼 환상과 인연이 먼 사람은 드물 것이다. 이것을 하지 않으면 안 된다고 생각하거나 이것은 신의 뜻이라고 확신하면 모든 장애를 물리치고 실행했다. 이러한 충실함의 기초 위에서만 은총의 건물은 세워지는 것이다. '사도들의 모후'는 당신의 기사를 잘 뽑았다고 말할 수 있는 것이다.

성모께 대한 전통적인 신심, 프란치스코회의 위대한 전통, 그리고 견실한 신학 연구는 그의 영혼이 항상 남몰래 동경하고 있던 것을 육성하고 조명해 주었다. 이 점에 있어서도 그는 최후의 결론에 이르기까지 그 기본 원리를 골똘히 생각했던 것이다.

성모 마리아는 원죄 없이 잉태된 분이다. 이러한 믿음의 선언은 몇 세기 동안에 걸쳐 이 신조를 옹호해 온 프란치스코회의 커다란 영광이었다. 이제야말로 이 신조로부터 여러 가지 실천적인 결론을 이끌어 낼 수 있지 않을까? 이 신조가 선포된 후이니만큼 이것을 생활화할 수 있게 되었다. 그리고 이 유례 없는 특권의 선포는 그 결과로서 마리아의 보편적 중재의 승인도 요구하는 것이 아닐까?

그리스도의 모든 은총은 마리아에 의해서 우리들에게 주어진다. '신의 순수한 능력'인 그분은 신에 의해, 신을 위해서만 활동하는 것이고 신 이외에는 아무것도 바라지 않는다. 무한한 자비의 사자인 그분은 우리들의 모든 더러움을 태워버리는 용광로이다. 그분은 순금만을 신에게 바치기 원하므로 그 희생적 사랑의 불길 속에서 우리들의 더러움을 태워버리는 것이다. 그리스도의 모친이신 그분은 그 위대한 은총을 우리들에게 베풀어 하늘의 여공 손에 맡겨진 형체 없는 반죽인 우리를 또 다른 그리스도의 모습으로 만드는 것이다.

신비체의 머리이신 어머니, 따라서 그 몸의 어머니, 참으로 그리스도의 어머니이신 그분은 받은 것은 모두 주고 손에 쥔 것은 모두 변화시키는 것이다. 그 속죄적 활동을 방해하는 장애물, 정말 무서운 장애물은 오직 하나뿐이다. 그것은 바로 이를 거절하는 우리들의 자유인 것이다. 그러나 그 반대로 절대적인 '피앗', 마리아의 그것만큼 무조건적인 '피앗'은 바로 우리들을 그 전능하신 탄원력에 내맡겨 버리는 것이 아닐까?

모든 은총의 어머니이신 그분이 어떻게 당신께 모두를 맡긴 사람, 그의 아들, 그의 기사, 그의 종, 그 성화(聖化) 활동에 모두를 맡긴 사람을 거절하시겠는가? 어떻게 그 우아한 손에 쥔 도구를 내버리시겠는가? 그리스도에 이르는 지름길, 그리스도를 군림하시게 할 정복의 무기, 그리스도를 입어 모시는 수단, 그것은 그분이다. 원죄 없으신 성모이다.

막시밀리안 신부는 이러한 생각을 끊임없이 되풀이하며 이것을 더욱더 뚜렷이 하고 더욱 깊이 연구하고 있었으리라. 현재는 아직 이것을 성문화하기까지에는 이르지 못했다. 그는 꿇어앉아 기도하면서 이것을 서서히 발견해 가는 것이다.

뒷날 그는 몇 번이나 그의 제자들에게 성모 마리아에 관한 것은 독서에 의해서보다는 기도에 의해서, 박학한 서적을 읽기보다는 성모 앞에 엎드려서야 배울 수 있다고 말하곤 했다.

로마에서 보낸 세월은 씨를 심은 때였고 귀중한 체험을 얻은 때였다. 그는 저 잔 다르크처럼 '총지휘관'에 그치는 게 아니라 성인인 참모들, 특히 '마리아에 대해 신심 깊은 사람들'이 모인 '군법회의'를 구하고 있었던 것이다. 막시밀리안 신부가 첫 미사를 바칠 때 그때만 해도 아직 시성(諡聖)되지 않았던 리지외의 데레사와 계약을 맺었을 것이다. 그는 그녀에게 이렇게 말했을 것이다.

"나는 당신의 시성을 위해 기도하겠습니다. 그러나 그대신 당신은 나의 미래의 정복을 모두 맡아 주셔야 합니다."

정복은 아직 시작되지 않았다. 그러나 훌륭한 장군은 공격을 개시하기 전에 병력을 확보해 두지 않는가?

막시밀리안 신부의 동료 수사들은 그가 학원 성당에서 기도에 열중해 있는 것을 여러번 목격했다.

"들어갈 때는 아무도 없는 줄 알았습니다. 그런데 잠깐 있자면 희미한 소리가 들립니다. 그가 중앙 제대 뒤에 숨어서 기도하고 있었던 것입니다."

"나는 아침 묵상 때 그가 깊은 생각에 잠겨 열심히 기도하는 것을 보고 깊은 감명을 받았습니다. 그의 태도는 강력한 내적 활동을 송두리째 보여 주고 있었습니다."

나는 이 서툰 표현을 일부러 그대로 옮긴다. 이 표현은 그가 동료에게 준 인상을 훌륭하게 표현하고 있기 때문이다. 그는 관상가로 간주되었다. 그리고 사실 그러했다. 그러나 그 기도의 보람은 더욱 훌륭한 활동가로서의 소질과 연결되어 있었다. 이 관상은 극히 고도의 기술을 요하는 사업이 되어 나타났다. 얼핏 보아 전혀 모순되는 것 같은 이들 소질이 이만큼 조화되고 균형을 갖춰 일치하기란 참말 드문 일이다. 나는 이 조화야말로 그의 가장 두드러진 특징이었다고 말하고 싶다.

다른 유형을 구하려 한다면 아시시의 성 프란치스코 또는 성 베르나르도에게까지 올라가야 하리라. 그렇지만 더 나아가지는 말자. 이 젊은 학생은 그레고리안 대학의 시험에서 우수한 성적을 얻었지만 그보다 어려운 학위를 제단 뒤에 꿇어앉아 획득하고 있었던 것이다. 성령의 학교에서 학위를 획득한다는 것은 진복 팔단(眞福八端)을 생활화하는 것을 의미한다.

막시밀리안 수사는 레이몬드 룰레가 '사랑한다는 것은 괴로운 일이다.'라고 요약한 성인학(聖人學)의 첫걸음을, 온갖 고통을 받으면서 빨리 체득했다. 그런데 전세계를 구원하려는 웅장한 계획을 세우자마자 시련이 총력을 기울여 습격해 왔다. 먼저 각혈, 다음에 심한 출혈이 그것이었다.

그가 건강의 은혜를 입은 적은 한 번도 없었지만, 그 젊은 나이에 이 불치의 병에 걸렸던 것이다. 그리 위독한 증상이 아니었던가? 그는 자신의 건강에 대해 거의 신경을 쓰고 있지 않은 듯했다. 그의 주위 사람들도 마찬가지였다. 규칙을 일부 면제해 주고 산책을 몇 번 더 하게 했을 뿐이다.

필자가 찾아 낸 추억담과 증언 속에는 오랜 기간 치료를 받았다는 이야기가 조금도 없다. 로마는 결핵 환자에게 치명적인 곳이다. 그러나 그는 여름 휴가 때를 제외하고는 로마에 머물렀다. 발병한 것은 1917년 여름이었다. 특기할 것은 그의 동료 중 그를 무척 존경하고 있던 사람에게까지도 이에 대해 거의 말하지 않았다는 점이다. 그를 깊이 연구했던 사람까지도 그가 로마에서 병에 걸린 적이 없다고 필자를 설득하려고 애쓸 정도였다.

아무도 비난하지 말자. 특히 그의 장상을 비난해서는 안 된다. 왜냐 하면 만일 그들이 이 발병을 알았다면 반드시 요양하게 했을 것이기 때문이다. 나의 생각으로는 막시밀리안 수사에게만 죄가 있었던 것 같다. 그는 자신의 병에 대해 말하지 않았던 것이다. 여기에 관심을 두지 않았던 것이다. 그는 아마도 얼마 안 있어 천국으로 간다고 생각하고 기뻐했을 것이 분명하다. 그러면서도 긴 생애를 필요로 하는 정복의 계획을 세우고 있었다. 그의 마음의 비밀을 실제로 알기 위해서는 중앙 제대 뒤에서 그가 한 무언의 대화를 엿듣는 것 외에 무슨 방법이 있겠는가?

그가 1935년 플로리안 코주라 원장의 명령에 의해 만들어진 이 무렵의 사정을 말하는 발표되지 않은 증언 중에서 한 구절을 찾아 보자. 이 증언은 그가 직접 자기 자신에 대해 말한 유일한 증언이니만큼 더욱 귀중한 것이다.

"원죄 없으신 성모의 기사회는 어떻게 탄생했는가?"

"그때부터 많은 세월이 흘렀습니다, 거의 18년이 되는 세월이. 그래서 자세한 것들은 모두 잊어버렸습니다(그러나 막시밀리안 신부여, 당신을 괴롭힐 질문을 하는 나를 용서하라. 당신은 뛰어난, 굉장한 기억력을 갖고 있지 않은가? 한 마디로 말해서 당신은 아마도 더 말하기 싫은 게 아닌가?).

그러나 원장 신부님이 '원죄 없으신 성모의 기사회'의 발단에 대해 기록하라고 명령하셨으므로 아직 기억하고 있는 것을 써 보냅니다. 나는 가끔 동료 수사들과 우리 회의 쇠퇴 현상과 우리 회의 장래에 대해 이야기했던 것을 기억하고 있습니다. 그때 내 생각 속에 다음과 같은 말이 새겨졌습니다.

'재건하든지 그렇지 않으면 타도해 버려라(이것이 누구의 말인지를 밝히지 않았다는 점에 주의할 필요가 있다. 어떤 신부들은 위대한 수도자요 대고행자(大苦行者)며 옛 회칙의 열렬한 옹호자였던 국제학원 원장 이뉴디 신부의 말이었다고 한다.)!' 왜냐 하면 가장 좋은 의향을 가지고 우리 회에 입회하였지만 수도원에서 가끔 성화의 이상을 잃은 젊은 사람들이 불쌍하게 돼서는 안 되겠다고 나는 생각했기 때문입니다. 그래서 어떻게 하면 좋을까 생각했습니다.

훨씬 더 옛날로 거슬러 올라가겠습니다. 내가 아주 어린아이였을 때 작은 성모상을 1 코피예이카(폴란드의 화폐 단위)에 산 것을 기억합니다. 그리고 라부프의 기숙사 성가대석에서 미사를 하는 동안 책상에 엎드려, 제대 위에 서 계신 성모님께 '당신을 위해 싸울' 것을 약속했습니다. 그때까지는 아직 어떻게 이것을 실행해야 좋을지 몰랐습니다. 그러나 물질적인 무기에 의한 전쟁을 상상하고 있었습니다(아마 이 무렵 성소의 커다란 위기에 직면했을 것이다.).

그리고 수련 시작하기 전인가, 혹은 서원하기 전인가 잘 기억하지 못하지만 나는 이 사정을 지금은 돌아가신 수련장 드니(소비약) 신부님께 고백했습니다. 그러자 신부님은 매일 한 번씩 '성모님 보호에 맡기옵니다.'를 외우라고 말씀하셨습니다. 이제 나는 원죄 없으신 성모님이 어떤 싸움을 계획해 주셨던가를 알고 있지만 오늘도 이 기도를 외우고 있습니다."

막시밀리안 신부여, 당신은 어리석게도 지나치게 말해 버렸다고 염려하고 있는게 아닌가? 결국 원죄 없으신 성모님께서는 그분을 위해 싸울 것을 당신에게 요구하셨던 것이다. 당신은 이 명백한 명령을 근거로 그의 기사가 되었던 것이다. 당신 생애의 방향을 결정한 기념할 만한 그 시각에 성모와 당신과의 사이에 어떤 일이 일어났던 것일까? 그것은 말할 수 없이 숭고하고 순박한 것이었으리라. 당신은 아직 원죄 없으신 성모께서 어떤 싸움을 계획하고 있는지를 몰랐던 것이다.

저 아시시의 빈자(貧者) 포베렐로(역자주·Poverello, 가난한 이라는 뜻. 성 프란치스코의 별명)도 역시 '허물어지고 있는 우리 집'을 수리하라는 명령의 범위가 얼마나 큰지 몰랐었다. 그는 소박하게도 커다란 돌을 모아 성 다미아노 성당의 재건에 착수했었다. 당신도 '성실하신 동정녀'의 명령을 문자 그대로 해석해서 '그분은 나에게 싸우라고 말씀하셨다. 그러니 나는 군인이 되겠다.'고 생각했던 것이다.

당신 영혼의 소리를 들으면서 그분은 미소지었을 것이 틀림없다. 다른 의미의 전쟁, 한없이 힘드는 전쟁이 당신을 기다리고 있었기 때문이다.

이 감동적인 수기를 계속해 보자.

"나는 오만해지려는 경향이 강했지만 원죄 없으신 성모님은 더욱 강하게 나를 이끌어 주셨습니다. 나는 나의 방 기도대 위에 성모님의 발현을 받은 성인의 초상을 항상 걸어두고 자주 기도드렸습니다 (그의 참된 모습이 잘 드러나 있다.). 이것을 보고 어떤 수도자는 나에게 '당신은 바로 이 성인에게 깊은 신심을 갖고 있나 보군요.'라고 말했습니다."

얼마나 아름다운 신비주의인가! 막시밀리안 신부의 붓 끝은 사랑의 특징이라 할 수 있는 수줍음을 가득 담고 있다. 만일 그가 이 대수롭지 않게 보이는 일에 어떤 의향을 두지 않았다면 이만큼 잘 기억하고 있었을 리가 없다. 그는 계속한다.

"프리메이슨(역자주 • Freemason, 반 교회적 비밀 결사단)이 더욱 대담해져서 난폭해지고 루치펠이 대천사 미카엘을 짓밟는 모습을 검은 바탕에 그린 깃발을 바티칸의 창 앞에까지 내세웠을 때, 그리하여 그들의 교황을 비난하는 선전문을 배포하기 시작했을 때, 이 프리메이슨과 루치펠의 다른 앞잡이를 함께 맞아 싸울 것을 목표로 하는 회를 창립하려는 생각이 떠올랐습니다."

막시밀리안 신부는 그 선전문에 씌어진 내용에 대해서 말하지 않는다. 그러나 그는 그것을 알고 있었다. 1917년 프리메이슨 창립 2백

주년 기념 축제 때 그들은 하느님을 모독하기 위한 광란의 무대를 로마로 정했다. 성 베드로 대성당 광장, 위대한 수인(囚人) 교황의 창 앞에서 악마에 사로잡힌 군중들이 '사탄이 바티칸을 지배해야 한다. 교황은 그 노예가 되라.'고 씌어진 악마적인 깃발을 높이 들었던 것이다.

매일 저녁 원장 신부는 젊은 수도자들에게 증오의 영에 의해 조종되는 여러가지 사건들을 말해 주었다. 이 사건들이 증오의 영이 저지르는 행위라고 볼 수 없다면 필경 어리석은 것, 괴상한 것으로 보여졌을 것이다. 하느님의 이름을 사랑이라고 한다면 반역하는 천사의 이름이 무엇인지 곧 알 수 있다. 팔라티노 언덕의 젊은 수도자들은 그리스도교 세계의 중심에 있으면서 악의 신비를 책에 의해서가 아니라 실물로써 공부했다.

막시밀리안 신부의 정신은 여기서 받았던 인상을 평생 간직했다. 이때에 적이었던 악마가 프리메이슨의 정예가 되고 이십 년 후에는 비통하게도 다른 이단의 보호자가 되었다 해도 관계 없다. 그 이름은 항상 '군대(역자주·마르 5, 9, 참조. 돼지떼에게 들어간 마귀의 이름)'이다.

그들은 암호와 가면을 바꾸기를 좋아하지만 그 표적은 없어지지 않고 항상 같다. 의인에 대한 증오, 교회에 대한 증오, '온유한 지상의 그리스도'에 대한 증오가 이것이다. 스무 살의 우리 수도자는 카멜레온의 얼굴을 가진 이 적과 싸울 것을 선언한 것이다.

그런데 앞에서 인용한 위대한 고백이 비인칭형으로 되어 있음을 간과해서는 안 된다. "생각이 떠올랐습니다." 막시밀리안 신부여, 누구에게 떠올랐다는 것인가? 거룩한 순종은 당신에게 끝까지 말할 것을 명령한다. 순종하지 않으면 안 된다.

"나에게 떠올랐던 이 생각이 원죄 없으신 성모님으로부터 온 것임을 확인하기 위해 나의 지도 신부이고 학원 학생들의 고백 신부인 알렉산드로 바질 신부에게 의견을 구했습니다. 그랬더니 거룩한 순종의 이름으로 안심하라고 하시기에 나는 즉각 실행에 착수하기로 결심했습니다."

극히 간결한 이 글 속의 말은 어느 것이나 깊은 의미를 지니고 있다. 내가 이것을 강조하는 것은 이 '겨자씨'가 뒷날 훌륭한 사업의 거목이 되기 때문이다.

성모 마리아께서 하시는 일에는 항상 독특한 스타일이 있다. 순종에 의해 구속 대업을 결정하신 성모님은(성모님이 천사에게 "아니오." 라고 대답했다면 어찌 됐을까라고 어떤 소년이 순진한 질문을 한 적이 있다.) 모든 선택된 사람들에게 절대적인 '피앗', 미련 없는 순명, 영웅적인 복종을 요구하셨다.

막시밀리안 신부여, 원죄 없으신 성모님께서 당신을 이끌어 인도하셨다고 고백할 필요는 없다. 우리를 이해시키기 위해서는 '거룩한 순종의 이름에 의하지 않고서는 아무것도 계획하지 않는다.'라는 짧은 말 한 마디만으로 충분하다. 나는 특히 이 점을 강조하고 싶다. 왜냐하면 이것이 막시밀리안 신부의 영성의 특징이기 때문이다.

만일 교회가 뒷날 그를 시성한다면 — 우리는 그것을 간절히 바라고 있는 바이지만 — 분명 그는 '순종의 성인'이라 불릴 것이다. 이 점에 대해서도 성실하신 동정녀 마리아께서는 그에게 무류의 무기를 건네 주셨던 것이다.

우리는 '순종하지 않는다(Non serviam)'라는 두 말로 요약되는 죄를 범한 악마를 쳐이기는 데는 절대적이고 무조건적이며 전면적인 '피앗'이 있을 뿐이다.

원죄 없으신 성모의 기사는 그 정의로 보아 순종의 영웅이 아니어서는 안 된다. 그리고 필요하다면 순종의 순교자가 되지 않으면 안 된다. 이 점에 대해 콜베 신부는 조금도 양보하지 않았다. 순종할 수 없는 사람은 성모를 위해 봉사할 자격이 없다. 왜냐하면 성모 마리아의 가장 영광스런 직위는 '주님의 여종'이었고 언제까지나 그럴 것이 틀림없기 때문이다.

이리하여 그는 거룩한 순종의 이름으로 기사의 무기를 몸에 지니게 된 것이다. 그 최초의 무훈, 최초의 승리는 과연 무엇일까? 그러나 하느님의 작전은 인간의 작전과 현저하게 다른 법이다. 하느님은 십자가 위에서 당신 지배를 확립하셨다. 그랬는데 그 제자되는 사람들이 어떻게 주께서 받으신 것과 다른 방법을 청할 수 있겠는가?

이 폴란드의 젊은 수도자를 선택받은 사람이라고 말할 수 있는 확실한 표적은 그의 '고통'이다. 그는 계속해서 말한다.

"우리들은 별장에서 여름 휴가를 보내기 위해 출발했습니다. 이 별장은 라 비냐라고 불렀는데 학원에서 30분쯤 걸리는 곳에 있었습니다. 어느 날 축구를 하며 놀고 있을 때 피가 목으로 올라옴을 느꼈습니다. 나는 잔디 위로 걸어가 누웠습니다. 그때 이제는 돌아가시고 안 계신 비아시 수사가 나를 간호해 주었습니다. 나의 각혈은 상당히 오래 계속됐습니다. 어떤 때는 이것으로 죽는 것이 아닌가 하는 생각이 들어 행복감을 느꼈습니다. 나는 곧 의사한테 갔습니다. 의사는 나에게 차를 타고 병실로 가서 바로 침상에 누워 있으라는 명령을 내렸습니다. 각혈은 계속되어 약으로도 멈추게 할 수가 없었습니다. 그 무렵 비아시 수사는 여러번 나에게 문병왔었습니다."

필자는 로마에서 치키토 신부와 이야기한 적이 있다. 그는 1912년부터 1914년까지, 즉 막시밀리안 신부가 폴란드로부터 로마에 도착하자마자 그를 지도했던 사람이다. 신부의 말에 의하면 이 젊은 수도자는 뺨이 붉고 손이 항상 차가웠다고 한다. 겨울에는 심한 동상에 걸렸고 그것이 짓물러서 굉장히 괴로워했다.

순환 계통에 고장이 있거나 심장에 결함이 있는 징조가 아닌가 해서 전문의에게 보여 봤지만 의사의 의견은 구구했다. 그러나 전쟁 때까지 결핵의 징후는 조금도 없었다. 전쟁 중의 식량 사정에 대해서도 조사해 봤지만 치키토 신부의 말에 의하면 어쩔 수 없을 만큼 악화된 것은 아니었다. 게다가 이 젊은 수도자의 가족 중에 유전병은 하나도 없었던 것이다. 그렇다면 1914년 이후 로마에서 결핵에 걸렸음이 틀림없다.

주의할 것은 학원에서 그를 알고 있던 사람들의 진술 속에서 그의 생명을 위독하게 할 만큼 심했던 이 병이 조금도 문제시되고 있지 않다는 점이다. 만일 그가 친히 썼고 또 서명한 위의 글이 아니었다면 이렇게까지 앓았다는 것을 의심할 정도이다. 이에 반해 그가 결코 고통을 호소하지 않았다는 점에 대해서는 모든 증언이 일치하고 있다.

동료 중의 한 사람인 알베르토 아르칠리 신부는 그가 심한 두통으로 괴로워했다는 것을 말한 후 "그러나 원장 신부님과 몇 명의 수사 외에는 이것을 아무도 알아차리지 못했습니다. 나는 가끔 그의 얼굴이 굳어지는 것을 보고 괴로움이 심할 때라고 생각했습니다." 하고 말했다.

그의 동료이자 친구였던 팔 신부는 그의 진술서 속에서 그를 쓰러
뜨린 병에 대해서는 한 마디도 말하지 않는다. '7명' 중의 한 사람이
었던 피냘베리 신부도 역시 마찬가지다. 그런데 이 두 사람은 그의
가장 친한 친구였던 것이다. 고통스러울 때에 마음의 벗이었던, 천사
와 같은 저 비아시 수사는 막시밀리안 신부가 성모 마리아를 '만나뵈
올 날'이 가까웠음을 생각하고 고백했던 비밀을 무덤 속으로 가져가
버렸다(막시밀리안 신부는 프랑스 어의 아름다운 성모찬가 '어느 날 그이
를 만나뵈오리라'를 애창했다.).

가장 가까웠던 사람들까지도 그가 얼마나 무거운 병에 걸려 있었는
가를 추측하지 못했다. 이렇게까지 지극히 정당한 자기 보존의 본능
을 포기하기 위해서는 말할 수 없이 단순하고 순수한 영웅적인 정신
이 필요했다. 그렇게 함으로써 그는 원죄 없으신 성모께 아주 단순하
게 순종하고 있었던 것이다. 이런 것은 '성인학'에 속하는 것으로서
인간의 천박한 지혜와는 전혀 다른 것이다.

막시밀리안 신부는 담담하게 말을 계속한다.

"2주일 후에야 겨우 의사는 퇴원할 것을 허락했습니다. 나는 신학
생 오산나 수사와 함께 간신히 우리 수도원으로 돌아왔습니다. 동
료들은 나를 보자 환성을 올리며 신선한 무화과와 포도주와 빵 같
은 것을 갖고 왔습니다. 경과는 좋아서 고통과 각혈은 멈췄습니다.
그때에 비로소 나는 비아시 수사와 팔 신부에게 하나의 회를 창립
할 뜻을 털어 놓았습니다(팔 신부는 나보다 먼저 서품되었지만 같은
학년에서 신학 공부를 하고 있었습니다.). 그러나 그 조건으로 그들은
나에게 먼저 지도 신부의 허가를 얻으라고 말했습니다. 하느님의
뜻을 확인하지 않으면 안 되었기 때문입니다."

이 병든 젊은 수도자가 얼마만큼이나 '그 생각'에 — 그 생각을 나는 감히 '고정 관념'이라 부르려 한다 — 열중했던가는 심리학 공부를 안 했더라도 충분히 알 만하다. 성인들이란 모두 신적인 것에 사로잡힌 사람들이 아닐까? 그리고 성성이란 요컨대 시련에 직면할 때마다, 고통을 가져다 주는 주님의 뜻을 언제 어디서나 승인하고 "네."라고 대답하는 데에서 성립되는 게 아닐까?

자연적 지혜만을 지닌 청년이라면 은총을 보고 "몸이 튼튼해질 때까지 조금 기다려 주십시오."라고 말할 것이 틀림 없다. 그러나 막시밀리안 수사는 건강이 회복되자마자 수사들에게 자기의 웅대한 계획을 설명하는 것이었다.

진술서와 증언은 막시밀리안 신부의 거룩한 대망에 대해서 그리 강조하지 않지만 나는 일부러 이런 거창한 형용사를 쓴다. 그는 원대한 꿈을 가지고 있었다. 모든 것(역자주 • 필자는 TOUT라고 대문자를 쓰고 있다.)을 바라고 있다. 세계 정복의 계획을 세우고 있다. 어느 날 그는 한 친구에게 말했다.

"예수회원들은 '신의 보다 큰 영광을 위해서'라고 말하지만 나는 '신의 최대의 영광을 위하여'라고 말하고 싶습니다."

그의 말대로 하자면 '보다 큰'이라고 말하는 것만으로는 부족하다. 무슨 일에도 최상급이 필요한 것이다. 그는 설명하기를 "이것만이 하느님께 적당한 것이기 때문입니다."라고 한다.

그러나 아직 그는 그것을 실제로 증명하지 못했다. 그의 불타는 듯한 말은 단순히 허세에 불과한 것처럼 생각되기도 한다. 그의 동료들이 모두 열광하지 않았던 것도 사실이다. 어떤 사람은 그가 군대 용어를 쓰는 것을 듣고 비웃을 정도였다. 예를 들면 그는 이런 식으로 말했던 것이다.

"큰 대포를 동원하자. 이것 아니면 저것이 우리들의 420호다. 성모님께 바치는 화살기도는 적을 물리칠 것이다."

무리도 아니다. 그의 동료 모두가 그처럼 군인의 피를 지니고 있을 리는 없는 것이다. 그러나 그는 죽을 때까지 그 '무기'에 대해 말하기를 좋아했고 그의 호주머니에는 적을 분쇄하기 위한 유명한 탄환 '쿨키'―즉 기적의 메달(역자주・성모의 모습을 새긴 작은 성패)을 듬뿍 넣어 두고 있었다.

행복하여라, 마음이 가난한 사람들! 최초로 그의 동지가 되었던 이들은 마음이 가난한 사람들이었다. 그의 말을 더 들어보자.

"얼마쯤 회복되었을 때 나는 동료 중의 한 사람인 안토니오 글로빈스키 신부와 함께 휴가차 비테르보로 갔습니다. 글로빈스키 신부가 M.I.(Militia Immaculatae, 원죄 없으신 성모의 기사회)에 들어온 것은 이 무렵의 일이었습니다. 우리들보다 조금 뒤늦게, 이제는 고인이 된 안토니오 만시 수사와 나폴리 관구의 엔리코 그라나타 수사가 가입했습니다.

학원 내에서는 가입자 이외에 아무도 M.I.의 존재를 알지 못했습니다. 다만 원장 스테파노 이뉴디 신부만은 죄다 알고 있었습니다. M.I.는 그분의 허가 없이는 아무것도 하지 않았습니다. 왜냐 하면 원죄 없으신 성모님의 뜻은 순종 속에서 나타났기 때문입니다."

순종, 순종! 이것이 그의 '고정 관념'이다. 고정 관념인 동시에 무적의 무기였던 것이다. 막시밀리안 신부는 느끼지 못했을지 모르나 그가 장상들에게 곤란한 문제를 제출했던 것은 틀림없는 사실이다. 잠깐 장상의 입장이 되어 생각해 보는 게 좋으리라.

막시밀리안 신부는 저 유순하면서도 날카로운 눈으로 당신의 눈을 보며 "명령해 주십시오. 당신이 말씀하시는 것은 모두 하느님의 착하신 뜻으로 봅니다. 맹목적으로 순종하겠습니다."라고 당신에게 말한다. 적어도 좀 생각해 본 후에 따르면 좋겠는데 그는 장상이 말한 그대로 모조리 받아들이는 것이다.

이것은 성인들의 복된 책략이다. 그는 분명 그의 장상으로 하여금 번번이 밤잠을 못 자도록 했을 것이다. 신의 뜻의 대변자가 된다는 것은 즐거운 일이 못 된다. 어쨌든 그가 지극히 순종적이며, 그것도 깊이 감동하는 순진성을 가지고 즉시 순종하는 것을 알고 있는 장상들은 그의 생각에 반대하기 전에 다시 생각해 보지 않으면 안 되었던 것이다.

막시밀리안 신부여, 당신은 전혀 느끼지 못했겠지만 실제로 당신은 아주 위대한 외교관이었음을 알고나 있는가? 이 초자연적 유연성이 얼마나 튼튼한 그의 아성이었던가는 뒤에 잘 알게 될 것이다.

신부의 말은 계속된다.

"이렇게 해서 원장 신부님의 허가를 받아 1917년 10월 17일 최초의 회원 7명이 처음으로 회합을 가졌습니다. 루마니아 관구의 사제 조세프 팔 신부, 1918년 별세한 루마니아 관구의 안토니오 글로빈스키 수사, 1929년에 별세한 파도바 관구의 예로니모 비아시 수사, 로마 관구의 키리코 피날베리 수사, 나폴리 관구의 안토니오 만시 수사, 나폴리 관구의 엔리코 그라나타 수사, 나.

이 집회는 저녁 무렵 수도원 내의 어떤 독방에서 방문을 닫아 둔 채 아무도 몰래 열렸습니다. 우리들 앞에는 원죄 없으신 성모의 작은 상이 안치되고 그 양쪽에 두 개의 촛불을 켜두었습니다. 예로니모 비아시 수사가 기록을 맡았습니다. 우리들은 M.I.의 계획(작은 규칙)을 정하기로 합의했고 교황의 고백 신부였던 알렉산드로 바질 신부님은 우리들에게 M.I.를 위한 교황 강복을 청원해 주시겠다고 약속하셨습니다.

그러나 신부님은 그 약속을 실현시키지 못하셨고 교황 강복은(우리 수도원의) 도미니크 자케 몬시뇰께서 구두로 전해 주셨습니다. 몬시뇰께서는 그 무렵 우리 학원에서 교회사를 가르치고 계셨습니다. 최초의 회합 후 1년이 되었지만 M.I.는 발전되지 못하고 갖은 장애가 가로막혀 있었으며 회원들도 이에 대해 더 이야기하지 않게 되었습니다. 그 중의 한 사람은 우리들에게 이런 일은 도무지 쓸데없는 짓이라고 설득하려 들 정도였습니다. 때마침 안토니오 글로빈스키 수사가, 그리고 13일 후에는 안토니오 만시 수사가 스페인형 독감에 걸려 선택된 사람의 아름다운 표적을 보이면서 원죄 없으신 성모님 곁으로 여행을 떠났습니다.

나도 병이 무겁게 재발되어 기침이 심했고 각혈이 계속되었습니다. 강의 듣는 것을 면제받아 이 틈을 타서 'M.I.의 계획'을 복사하고 이것을 타바니 총장님께 제출해서 문서에 의한 축복을 신청했습니다. 총장님은 '적어도 회원이 12명이 된다면 좋겠다.'라고 나에게 말씀하셨습니다. 그분께서는 축복의 말씀을 문서로 적어서 젊은 사람들 사이에 M.I.가 전파돼 나갈 것을 희망한다고 말씀하셨습니다.

이날부터 새로운 회원들이 끊임없이 불어났습니다. 초기의 M.I. 활동은 기도하는 일과 기적의 메달을 분배하는 일이었습니다. 총장님까지도 이것을 사기 위해 돈을 내놓으실 정도였습니다."

이상의 기록을 장황하게 인용한 필자를 독자들은 용서하기 바란다. 이 기록은 귀중한 것으로서 뒷날 적당한 연구의 대상이 될 것이 분명하다. 사업에 관해서 쓰기 전에 그 기원을 소상히 알아보는 것이 좋다고 생각한다. 하느님은 결코 변하지 않는 독특한 방식을 사용하신다. 어떠한 사업도 그 창립에는 항상 많은 괴로움과 반대, 심각한 고립을 동반하지 않는가.

그들은 일곱 명이었다(막시밀리안 신부는 농담 삼아 '7인의 성(聖) 창립자'라는 말을 썼다.). 그러나 이 일곱 명 모두 같은 확신을 가지고 사업의 장래를 믿었던 것은 아니었다. 그 중의 한 사람은(신부는 애덕을 지키기 위해 그 이름을 숨기고 있다.) "이런 일은 전연 무의미하다." 라고 말하면서 다른 사람들을 배반하도록 만들 정도였다. 막시밀리안 신부는 그 사업을 변호할 권리를 갖고 있지 않았다. 총장이 그것을 금했기 때문이다.

팔 신부는 그의 증언 속에서 이렇게 말하고 있다.

"1년이 넘도록 그는 기사회의 최초의 회원인 우리들에게까지도 그 사업에 관해서 말하지 않았다. 그가 위의 기록에서 외면상으로는 '부진했던 해'라고 말한 1년이 바로 이 1년이다. 다른 사람들은 이 사업을 타도하려고 이러쿵저러쿵 말했지만 그만은 아무 말도 할 수 없었다. 이것이 얼마만큼 고통스런 일이었는지는 상상하기 어렵지 않을 것이다."

막시밀리안 신부가 그 추억담에서 이 사업의 비약적 발전과 기사회의 두 회원의 죽음이 일치했다고 말한 데에는 깊은 의미가 있다. 그들은 원죄 없으신 성모께 대한 봉사에 몸을 맡긴 기사들을 옹호하기 위해 성모님 곁으로 갔던 것이다.

신부는 항상 이 '하늘의 원군'을 무엇보다 중요시했다. 그는 뒷날 "원죄 없으신 성모님께서는 사업이 잘 되지 않을 때는 반드시 우리들을 가장 효과적으로 도와 주시기 위해 회원 중 한 사람을 하늘로 불러 데려가십니다. 우리들은 이 세상에서는 다만 한쪽 손으로 일할 수 밖에 없습니다. 다른 한쪽 손으로는 자기 자신이 타락하지 않도록 꽉 잡고 있어야 하기 때문입니다. 그러나 천국에서는 두 손 모두 자유스럽고 또 성모님이 우리들의 보호자가 되십니다."라고 말했다.

이 말 속에서 피오레티(역자주·성 프란치스코의 행적을 모은 책인데 성 프란치스코의 '잔꽃송이'라고 번역함)의 신선미가 느껴지지 않는가? 필자의 생각으로는 오늘날까지 막시밀리안 신부의 더없이 매력적인 단순성, 어린이 같은 단순성을 충분히 받아들인 사람이 없을 것 같다. 그는 어른들이 갖고 있는 여러 가지 오점을 기적적으로 피하면서 실패한 인생의 쓴 과실이라고도 할 만한 고통과 비애를 가슴에 곱게 간직한 사람이었다.

그러나 특기해야 될 점은 막시밀리안 신부가 자그마한 실패조차 당한 적이 결코 없었다는 것이다. 그에게 일어났던 일은 모두 — 완전히 모두 — 지극히 사랑하는 여왕의, 실로 우아한 손에서 나온 것이었다. 여왕은 그에게 항상 이 세상에서 가장 좋은 것만을 자연스럽게 내려 주셨다. 때로는 그가 못 본 것, 이해할 수 없는 것이 있었는지도 모르나 그것도 그런 대로 좋았다. 이에 의해 신앙이 승리를 얻을 수 있었기 때문이다.

아기 예수의 성녀 데레사 이래 그녀가 재발견한 것을 도와 준 '어린이 정신', 복음의 첫걸음인 어린이의 정신(여러분이 어린이처럼 되지 않으면….)을 막시밀리안 신부만큼 외곬으로 파 들어간 사람은 없었다. 칼처럼 빛나는 정신과 신적인 단순함의 논리를 지닌 경구로써 우리를 굴복시키는 이 수염 긴 선교사의 사랑스럽고도 귀여운 순진성만 가지고도 한 권의 책을 써낼 수 있으리라. 다만 성인들만이 '하느님은 사랑이시다.'라는 명철한 전제에서 여러 가지 결론을 끌어내는 노력을 아끼지 않는 것이다. 막시밀리안 신부는 훌륭한 양식을 지닌 사람이면서도 또한 철저히 논리적인 사람이었다.

정복의 계획과 무한한 사랑

　신부는 끊임없는 두통으로 괴로워하고 건강을 해치고 있었으면서 어떻게 이런 일을 할 수 있었을까? 그는 모든 시험에 합격했을 뿐만 아니라 훌륭한 성적을 얻어 최우수로 통과했다. 1915년에는 21세의 젊은 나이로 철학박사 학위를 획득했다. 이어 같은 열의를 가지고 신학박사 학위를 준비해서 4년 뒤 같은 성공을 거두었다. 장상들이 그의 병을 대단치 않게 여겼던 것도 이러한 우수한 성적이 그 이유의 하나였다고 생각된다. 병자가 이렇게 거리낌 없이 모든 시험을 치러 낼 수 있을까? 마치 무슨 게임에서처럼 그렇게 합격할 수 있겠는가?
　그의 교사와 동료들은 모두 그의 비범한 재능, 특히 과학의 천재성을 칭찬하고 있다. 그는 모든 학과에 우수했지만 특히 수학에 뛰어나 아무리 훌륭한 교사도 그에게는 손을 들었다. 학원 원장 본디니 신부는 이런 말을 했다.
　"이 청년은 내가 풀 수 없는 문제들을 나에게 제출했다."
　레오 치키토 신부가 필자에게 말한 바에 의하면 그는 한번 열중하게 되면 중도에서 그치는 일이 없이 항상 새로운 이론을 꺼내어 미묘한 관계를 찾으며 한 문제에서 다른 문제로 옮겨갔고 해답을 얻더라도 하나하나 새로운 질문을 해서 다시 처음 문제로 되돌아 오곤 했다는 것이다.

"산책 중에도 그는 내게 붙어 다니며 시종 질문을 했었습니다. 정말 귀찮은 사람이었습니다."

신부는 이렇게 덧붙였다. 그리고 나서는 아주 진지한 표정으로 내게 말했다.

"그는 내가 원장 일을 보고 있는 기간에 내가 맡았던 사람 중에서 가장 우수한 두뇌의 소유자였습니다. 그는 무서운 지력을 갖고 있었습니다."

그의 지혜는 특히 과학적 발명 쪽으로 향해 있었다. 그는 모든 기술적 진보에 관심을 보이고 최근의 발명이나 발견에 관해 모르는 것이 없었다. 파도바의 관구장 에케르 신부가 말한 바에 의하면 어느 날 그는 굉장한 속력을 낼 수 있는 기계를 설계했다. 전문가도 못 따르는 솜씨로 도면을 그리고 이것을 뒷받침하는 역학상의 법칙을 정밀하게 설명하여 이 설계를 그레고리안 대학 교수 잔프란체스키 신부에게 보여 달라고 의뢰했다. 교수는 이것을 꼼꼼히 검토했지만 원리상으로는 이 대담한 설계대로 기계를 만드는 데 장애가 되는 것은 하나도 없다고 단언했다.

이 비범한 청년이 몸과 마음을 다하여 연구에 몰두했었음은 조금도 의심할 여지가 없다. 그는 그 재능면에서 보아 소질이 많다고 여겨지는 과학자로서의 생애를 생각하고 있었던 것일까? 그렇지는 않다. 그의 목표는 원래 실제적이었던 것이다. 이 점에 대해서도 모든 증언이 일치되고 있다. 동료인 팔 신부는 요약해서 이렇게 말했다.

"그는 신앙이 없는 사람을 굴복시키는 것을 목표로 하여 연구하고 있었던 것입니다."

이 무렵부터 그는 비신자들과 즐겨 의견을 주고받았고 때로는 모르는 사람들에게도 공개 토론을 하자고 제안했다. 어떤 때는 기차 안에서(이것은 뒷날 그가 좋아한 방식으로 이것을 '낚시질'이라고 불렀다.), 때로는 길 한복판에서….

어느 날 신부는 로마에서 교황과 교회에 대해 험담을 퍼붓고 있는 커다란 물고기와 만났다. 격한 토론을 하다가 이 미지의 사람은 이렇게 외쳤다.

"이 풋내기야, 그런 걸 모를 내가 아니야. 나는 철학박사야."

"나도 그렇소!"

열대여섯 살로밖에 보이지 않는 21세의 젊은 수도자는 응수했다. 그러자 그 신사는 깜짝 놀라 그를 바라보더니 돌연 어조를 바꾸었다. 동료끼리면 사양할 필요가 없다. 젊은 박사는 차근차근히, 그리고 인정사정 없이 상대방을 논박하며 따져 물었다. 이 흥미 있는 에피소드를 전한 팔 신부는 이렇게 단정을 내렸다.

"토론이 끝날 무렵 그 비신자는 침묵을 지키며 깊이 생각하는 것처럼 보였다."

막시밀리안 신부는 이런 방법을 여러 번 써서 커다란 성공을 거두었다. 이 방법은 권투처럼 상대방에게 숨쉴 틈을 주지 않고 차차 심하게 따져 묻고 상대방의 입장을 승인하는 듯하다가 마침내는 그 아성에서 그를 타도하는 것이다. 막시밀리안 신부는 명석한 두뇌로 판단했다.

"그러기 위해서는 자신이 이 시대에 뒤떨어지지 않는 것이 보다 중요한 일이다."

 가톨릭 신자가 그의 주장에 따랐다면 언제 어디서나 만사에 있어 제1인자가 되었을 것임에 틀림없다.

 아직 학생 시절에 그 시대에 앞서는 이 지극히 현대적인 정신을 체득하게 해준 것은 도대체 누구였을까? 어떤 선생의 영향이 아닌가 해서 조사해 봤지만 헛수고였다. 그가 듣던 강의는 오히려 시대에 뒤떨어진 원리를 노예처럼 지키고 있는 것같이 여겨졌을 뿐이다. 그의 교수 중 한 사람이 성 토마스의 이름으로 프톨레마이우스의 체계를 수호하고 있지나 않았던가?

 이런 환경에 처해 있던 막시밀리안 신부의 정신은 독자적인 동시에 혁신적이어서 저 천사적 박사(성 토마스)가 그 시대에 보였던 초자연적인 대담성과 흡사한 바가 있다고 생각된다.

 만일 바로 오늘날 편협한 정신을 갖고 있는 일부 가톨릭 신자가 현대 사상을 미워해서 일괄적으로 단죄하듯이 성 토마스와 다른 위대한 가톨릭적 인물이 아리스토텔레스를 미워했다면 중세 철학이 어떻게 되었을 것인가? 막시밀리안 신부는 '하느님의 영광을 위해 모든 진보적 수단을 이용하고 이것을 정복의 무기로 바꿀 필요가 있다.'고 생각했던 것이다.

 비오 12세는 성녀 잔 드 레스토나크의 덕행을 찬양하는 설교 중에, 하느님이 제단에서 받들어 모시게 하신 여러 성인들은 놀랄 만한 시대성을 지니고 있다고 지적하였다. 그들이 선택된 많은 무리 중에서 다시 선발되었던 것은 우리 시대의 명백한 요구를 반향하는 것이고 오늘날에도 우리의 안내자, 스승이 될 수 있었기 때문인 것이다.

 그렇지만 우리들의 시대와 담을 쌓은 것 같은 성인도 있다. 선택받은 사람이긴 하나 현대를 등지는 영혼이 있다. 영웅적인 덕행을 갖추고 있지만 진보를 두려워하는 사람이 있다.

막시밀리안 신부는 이런 사람들의 부류에는 속하지 않는다. 쾌활하고 낙관적인 그는 진보적인 것이 하느님의 최대의 영광을 위해 필요만 하다면 좋은 것이라고 확신했다. 필요한 것은 이것을 붙잡아 여기에 '의미를 부여하는 것'이다.

이렇게 그의 견해가 주위 사람들의 견해와 항상 일치하지 않음을 보여 주는 에피소드를 몇 개 모을 수 있다.

1917년의 일이다. 영화란 것이 겨우 선을 보이기 시작했을 무렵이었다. 지식인들은 이에 대해 일종의 불신감을 나타냈지만 대중은 열광적으로 몰려 들고 있었다. 대다수의 영화는 그 내용이 윤리적 가치 면에서 본다면 아주 좋지 못해서 비열한 욕정을 불러일으키는 것뿐이었다. 흥행주는 돈을 버는 것 한 가지에만 정신이 팔려 있었다. 게다가 참혹한 전쟁 시절이었으므로 시적인 정서뿐만 아니라 덕행마저도 잠자고 있었다.

물론 산테오도로에서도 영화가 자주 화제에 올랐다. 어떤 교사들은 이 '황폐의 상징(역자주·마태 24, 15과 다니 11, 31 참조)'의 출현을 개탄했다. 그 무렵 로마에서 상영되고 있던 영화로서 덕행을 가르치는 것은 없었기 때문이다. 막시밀리안 수사는 듣고만 있었다. 그의 예리하고도 독자적인 정신은 한 가지 해결책을 찾아냈다.

영화를 없애버릴 수 있을까? 그것은 전혀 불가능한 일이다. 게다가 그런 일을 할 필요가 없다. 차라리 마음을 바꾸는 쪽이 훨씬 간단하지 않을까? 이것을 점령해서 악 대신 선에 봉사하도록 할 수는 없을까?

어느 날 그는 다소 엄격한 동료 수사 한 사람을 격분시킬 뻔했다. 함께 산책을 하다가 이 문제가 대두되었는데 막시밀리안 수사는 자신의 생각을 숨김 없이 털어놓았다.

"영화는 사회적 선을 위해 봉사할 수 있고 또 봉사하지 않으면 안 된다. 그리고 영화를 이런 방향으로 향하게 하는 것이 우리의 임무이다."

이 말에 그 수사는 외쳤다.

"그렇지만 악마와 그 앞잡이들은 모든 발명과 모든 진보의 이기를 탈취해서 이것을 악으로 바꾸고 있는 게 아닌가?"

"그렇다 해도 우리들이 자각해서 적의 진지를 탈취할 일을 시작하지 않으면 안 된다."

이 겸손한 프란치스코회의 수사의 생각이 옳았음은 시간이 증명해 줄 것이다. 교황 비오 11세가 영화를 사도적 활동의 수단이요 가톨릭 액션의 도구로 공인했을 때 이 토론을 생각했을까? 어쨌든 영화 제작자는 막시밀리안 신부를 수호자로 만들어야 할 것이다.

그러나 가톨릭이 활용할 가장 유효한 다른 무기가 없는 것은 아니다. 그것은 위대한 출판물로서 그 영향은 1백년 이래 끊임없이 증대하고 있을 뿐이다. 동창들이 말한 바에 의하면 막시밀리안 수사는 로마 유학 중 휴식 시간에나 산책 시간에 이것에 관해 자주 이야기했다는 것이다.

이때부터 그는 원죄 없으신 성모의 순결한 보호 아래 모든 민족에게 복음을 가르칠 잡지의 간행을 꿈꾸고 있었다. 젊은 수도자들은 감동하여 이에 귀를 기울였지만 그 후에는 이 웅대한 꿈을 잊고 일상의 사소한 의무에만 충실했던 것이다. 그러나 막시밀리안 수사에게는 그것이 꿈에 그치지 않았다. 그것은 하나의 작전 계획이었다.

그는 수사들 사이에서 때때로 깊은 고독감을 느끼지 않을 수 없었다. 필자는 그 수사들 중 실제로 막시밀리안 수사의 생각을 이해한 사람을 한 사람도 찾아볼 수 없었다. 그들의 잘못일까? 반드시 그런 것만은 아니다. 저 시에나의 성녀 가타리나가 "나의 천성, 그것은 불이다."라고 한 말을 몸으로 실현시켰던 이 열렬한 영혼에 필적할 사람이 없었던 것이다. 그는 위대한 꿈의 사나이로서 전세계의 정복을 열렬히 원했고, 그 소명으로 인해 '항상 보다 많이, 보다 좋게!'를 목표로 살았던 것이다.

그 꿈과 구원 계획에 한계를 찾을 수 없는 이 인물에 대해 무엇을 더 말할 필요가 있겠는가? 그와 같은 약동, 그와 같이 열렬한 애덕을 갖지 못하고 어떻게 그를 따를 수 있겠는가? 게다가 그가 성인이었다는 사실은 그의 책임이 아니잖은가? 성령은 결정적으로 그에게 날개를 주셨다. 그는 이것을 사용하여 항상 더욱더 높이 상승해 마지 않았던 것이다.

막시밀리안 수사의 동료들이 그의 뛰어난 재질을 추억하고 그의 덕행에 관해 이야기할 때는 도무지 그칠 줄을 몰랐다. 필자는 그들의 증언을 자세히 읽었지만 상투적인 증언은 하나도 없었다. 그 문장들은 문체의 좋고 나쁨은 있었지만 어느 것이나 같은 내용을 말하고 있었다. 즉 어느 것이나 공정했던 것이다. 때로는 지나치게 꾸며진 것이 있을지도 모르나 그것은 직무에서 오는 일종의 편중의 결과일 것이다. 그러나 이 꾸밈들은 오류가 절대로 없는 공통된 인상을 표면화시킨 데 불과한 것이다.

모두들 거리낌 없이 "그에게서는 한 개의 결점도 찾을 수 없었다."

고 되풀이해서 말한다. 게다가 옛날의 증언을 끄집어 내어 오래 전부터 많은 사람들이 그를 성인으로 간주하고 있었음을 증명하려 한다. 그러나 무엇보다 사실이 이것을 이야기하고 있다. 그는 규칙을 정확히 지키고, 높은 신분의 방문객과 이야기하다가도 종이 울리면 급히 이야기를 중단하는 용기가 있었으며, 아플 때에도 자명종이 울기 시작하자 마자 벌떡 일어났다.

그의 성격은 항상 명랑했으며 그의 우정은 자신보다 못한 친구를 돕기 위해서라면 아무리 많은 시간이라도 아끼지 않을 정도였다. 이런 사람들은 그에게 즐겨 도움을 구했다. 그 까닭은 '그만큼 명료하게 설명해 주는 사람은 없었기 때문'이다. 끝으로 그의 순종하는 마음은 완전한 것이었다. 장상의 아무리 사소한 요청에도 불응하는 일이 없었다. 이런 덕행을 모든 사람들이 감탄하면서 강조했다.

산테오도로 시대의 동료였던 알베르토 아르칠리 신부는 다음과 같이 말했다.

"어느 날 나는 그를 심히 괴롭힌 일이 있었다. 나는 필요한 허락을 받은 뒤 그와 함께 산책을 하다가 로마의 어떤 작은 교회에서 이상한 십자가를 구경했다. 도중 그는 나에게 허락을 받았느냐고 물었다. 안 받았다고 하자 그는 굉장히 놀라며 크게 고민하길래 얼른 사실대로 이야기해서 그를 안심시켰다. 그제서야 그는 그 독특한 버릇으로 아름다운 얼굴을 쳐들며 어린 아이처럼 매혹적인 미소를 띠는 것이었다."

이 무렵의 증언은 이구동성으로 그의 사도적 열성을 찬양하고 있다. 그는 모든 죄인을 가능한 한 빨리, 그것도 전세계에 걸쳐서, 개심시키고 싶다고 했다 한다. 죄인이란 그에게 있어 추상적인 것이 아니라 그의 가슴을 도려내는 칼날이었다.
 팔 신부는 다음과 같이 말했다.
 "어느 날 '사도들의 대성당'에서 학원으로 돌아오는 도중 성모를 모독하고 있는 술 취한 사람들과 만났다. 막시밀리안 수사는 즉시 그들 중에 뛰어들어 눈에 눈물을 머금은 채 왜 그렇게 성모님을 슬퍼하시도록 만드느냐고 물었다. 깜짝 놀란 그들은 '속이 시원해지고 싶어서.'라고 중얼거렸다. 조금 떨어진 곳에 있던 나는 그를 데려오려고 애썼으나 헛수고였다. 막시밀리안 수사는 예의 끈기를 발휘하여 끝까지 물고 늘어지며 취한들에게 그들이 하고 있는 짓이 나쁘다는 것과 앞으로 결코 모독의 말을 뱉어서는 안 된다는 것을 납득시키기 위해 최대한의 노력을 했다. 말대꾸 잘하던 그들도 아주 부끄러워하며 앞을 다투어 사라졌다."
 또 어느 때 막시밀리안 수사는 동료에게 "프리메이슨의 아성인 팔라초 베르데까지 함께 가자. 두목을 개심시키고 싶으니까."라고 부탁해서 그 승락을 얻은 뒤 허가를 구하기 위해 학원 원장에게 급히 달려갔다.
 이런 부탁을 받은 원장의 얼굴이 어떠했는지 충분히 상상할 수 있을 것이다. 원장은 이때 회교 교주를 개종시키기 위해 이교인의 나라를 향해 출발한 성 프란치스코를 분명 생각해 냈을 것이다. 이 성인 역시 망설임을 몰랐던 것이다.
 그러나 원장은 이 젊은 수사를 향해 부드럽게 "그것은 정말 훌륭한 일이지만 적당한 시기가 아니라고 본다. 차라리 먼저 프리메이슨의 개심을 위해 기도하는 편이 좋겠다."고 답했다. 막시밀리안 수사는 계획이 완전히 빗나가게 되어 좀 낙심하며 친구에게 돌아와 원장의

답을 알려 주었다.
"어쨌든 즉시 기도를 시작하자."

참으로 막시밀리안 수사의 면목이 잘 나타나 있지 않은가? 그는 결코 '내일'이니 '오늘 밤'이라 하지 않고 '즉시'라고 말하며 '조금'이 아니라 '전부'라고 말했다. 또 한 지방만을 노리지 않고 전세계를 목표로 하는 것이다.

특히 폴란드 인에게는 이런 기질이 드문 편이었다. 막시밀리안 수사는 조국을 열렬히 사랑했다. 국제 학원에서 사람들이 그를 독일인으로 잘못 봤을 때 그는 굉장히 화를 냈다. 이 조국에 대한 굽힘 없는 충성이 그의 죽음의 원인(遠因)이었다고까지 말할 수 있다.

억류되기 전 막시밀리안 신부는 '독일계 폴란드 인'이라 불리는 편이 좋다고 권고를 받았다. 이것은 다른 많은 사람들이 사용했던 방법으로 반드시 조국에 대한 배신행위라고 볼 수는 없다. 이 이름을 써서 애국자들을 도와 줄 수도 있기 때문이다. 그러나 막시밀리안 신부는 이 점에 관해 약간의 타협도 수락하지 않았다. 폴란드 인으로 태어나 폴란드 인으로 죽기를 원했다.

그러나 '그리스 인도 유대인도' 아닌 그리스도의 교회에 관해서는 전연 태도가 달랐다. 그의 정복 계획은 국경도 경계도 문제 삼지 않았고 교회처럼 광대하기만 했다. 어떤 동료들은 이 점을 충분히 이해하지 못했다. 어떻게 독일인도 사랑한다고 말하는 것인가? 그러나 그것은 사실이었다. 그는 독일인도 원죄 없으신 성모의 아들로서, 예외를 두지 않는 그리스도교의 시금석인 사랑으로 그리스도 안에서 사랑하고 있었던 것이다.

이 겸손한 프란치스코회 수사의 생각은 옳았다. 폴란드 인의 입장에서 보더라도 그렇다. 참다운 애국심은(이기적인 국가주의와는 대립되는) 그리스도교의 율법과 상반되는 것이 아니다. 참된 애국심은 더욱 성실히 하느님의 나라를 구하는 사람들에게 '넘치게 더 보태어 주는' 보화의 하나인 경우가 많은 법이다. 모든 영혼을 목마르게 기다리는 '가톨릭적인' 마음을 가진 성인을 찬양한다 하더라도 조국에 대해 손실이 되지는 않는 것이다.

전쟁이 끝날 때가 가까웠다. 때는 1918년 4월이었다. 그 달 28일 로마의 봄이 한창일 무렵 막시밀리안 수사는 사제로 서품되고 이튿날 프라테의 성 안드레아 성당의 '기적의 제단'에서 첫 미사를 바쳤다. 이곳은 1842년 성모 마리아께서 유대인 라티스본에게 발현하여 그토록 사납던 이리를 유순한 어린 양으로 바꿔 주신 곳으로 그 사연이 기념비에 새겨져 있었다.

신부는 말할 수 없는 기쁨에 잠겨 처음으로 혼자서 성변화의 기도문을 외었다. 그는 말하자면 그리스도의 값진 살과 피의 소유자이다. 무한의 정복을 목표삼아 결정적으로 무장한 사람인 동시에 주님의 용서하심을 분배하는 사람이 되었다. 성실하신 동정녀께서는 제단 위에서 그에게 미소를 지어 주셨다. 그는 꿇어앉아 전세계를 사랑이 넘치는 마음으로 껴안으려 했다. 이제 준비는 다 됐다.

전쟁이 끝나고 1년이 지났을 때 폴란드의 장상들은 그에게 귀국을 명령했다. 그곳에서 2개의 학위를 얻은 그는 고국으로 출발했다. 그러나 그의 마음은 더욱 풍성했다. 보수에는 어떤 유명한 설교 중에서 "사랑으로 향하지 않는 학문은 불행한 것이다."라고 말한 일이 있다. 막시밀리안 신부가 로마에서 많은 것을 배웠지만 그러나 가장 아름다운 학위는 성인학의 학위였다. 그는 '맹렬한 사랑의 불꽃'에 불이 붙음을 느껴 자진해서 몸을 내맡겼다. 어머니께 보낸 최후의 한 편지에서 그는 이렇게 적었다(밑줄이 쳐 있다.).

「어머니, 저를 위해 기도해 주십시오. 저의 사랑이 더욱더 빨리, 아무런 한계 없이 성장할 수 있도록, 특히 이 사랑이 한없는 것이 되도록 기도해 주십시오.」

젊은 수도자의 소원은 받아들여졌다. 그는 항상, 죽을 때에도 '제한이 없는 사람'이 된 것이다.

조롱받는 예언자

그는 1919년 9월 폴란드로 돌아왔다. 니에포칼라누프의 원장 쿠비트 신부가 진술한 바에 의하면 그는 결핵 때문에 몹시 쇠약해져 있어 의사들도 3개월 이상은 살기 어렵다고 말했을 정도였다.

이것은 분명한 사실이었다. 그는 크라쿠프의 수도원에 배속되었는데 이곳의 기후는 결핵환자에게 치명적인 것이었다. 게다가 중환자였던 그가 간단히 교수로 임명되고 말았다. 어떤 사람들은 이것을 보고 충격을 받았을지도 모르고 말도 안 되는 경솔한 짓이라고 장상을 비난했을지도 모른다. 그러나 그것은 잘못된 판단이다.

때는 1919년의 일로서 4년간에 걸친 전쟁을 치른 폴란드는 겨우 해방이 되었다고는 하나 국력이 온통 고갈돼 버렸고 경제 상태는 혼란의 극에 달했었다. 국고는 텅 비었고 개인의 헌납이 최상의 기금으로 돼 있는 형편이었다. 그러나 이런 영웅적인 희생을 치르고도 붕괴를 방지할 수가 없었다.

급속한 인플레이션이 나라를 멸망시킬 듯했다. 1914년에는 2층집을 살 수 있던 돈으로 1킬로그램의 돼지고기밖에 살 수가 없었다. 게

다가 동방에서는 새로운 회오리바람이 불어 오고 있었다. 붉은 군대가 유럽을 석권하려 하고 있었던 것이다. 폴란드가 20년 동안 혼자 힘으로 모스크바의 제국주의적 야망을 막아왔던 사실을 아는 사람은 알리라.

'비슬라의 기적'은 유럽의 운명을 결정했다. 그러나 막바지에 이르러 구원된 이 나라는 황폐했고 극도의 비참 속에 빠져 있었다. 제일 많은 고난을 겪은 동부의 여러 주에는 악성 질환이 유행했다. 사제와 수도자는 과로로 인해 쓰러지는 형편이었다. 이러한 때에 자기의 안전만을 꾀할 수는 없다. 도리어 최후까지 버티어 나가서 필요하다면 용감한 군인처럼 싸움터에서 쓰러지지 않으면 안 된다. 막시밀리안 신부의 장상들이 이 고난의 시기에 그를 적당히, 충분히 휴양시키지 않았다고 비난할 수는 없는 것이다. 게다가 이미 말한 대로 이 병자는 결코 자기의 고통을 호소하는 그런 사람이 아니었던 것이다.

그런데다가 교사는 아주 부족한 실정이었다. 4년간의 전쟁으로 인해 폴란드에서는 교사의 수가 감소되었다. 그리고 이 젊은 수도자는 미열로 뺨이 늘 상기되어 있었으므로 오히려 튼튼해 보였다.

그가 하는 일도 그의 건강을 못 견디게 했지만 그의 영혼은 더욱 심각한 괴로움에 빠져 있었다. 그는 귀국하자마자 그의 사업, 아니 그의 사업이 아니라 원죄 없으신 성모의 사업에 모든 수도원과 수도자의 열정을 불붙여 보려고 했다. 그렇지만 그들은 외면할 뿐이었다.

막시밀리안 신부는 '면도날'이니 '몽상가'니 하는 별명만 얻었다. "보라, 여기 몽상가가 온다."라고 빈정거렸다. 그는 또 '마멀레이드 (오렌지 잼이란 뜻)'란 아주 근사한 별명을 얻었는데 이 별명은 퍽 오래 계속되었다. 신부가 보이면 모두 마멀레이드가 오는구나 하며 수

군거렸다.
 이 젊은 수도자는 괴롭게 호흡하며, 천천히 걸음을 옮기면서 각혈의 원인이 될 만한 급격한 운동을 주의해서 피했다. 또 매우 활발한 성격이었으나 퍽 참을성이 많았고 말할 수 없이 유순했다. 그래서 이런 별명을 얻었던 것이다.
 어떤 평신자 증인이 말한 바에 의하면, 그 무렵 수사 한 사람이 막시밀리안 신부를 비웃으며 신부가 미사드리면서 제단 앞에서 굼뜨게 동작하고 있는 것을 이상스럽게 손짓하며 흉내내어 보여 준 후 "정말 마멀레이드지요?" 하고 말한 적까지 있었다 한다.
 인내심 많은 신부는 누구에게도 알리지 않았지만 심각한 병고로 괴로워하고 있었다. 그러나 이 괴로운 경험도 쓸데없는 일은 아니었다. 뒷날 그는 병자들에 대해서 한없는 자애와 유순함을 보인 것이다. 나는 이 점에 대해 감동할 만한 많은 증언을 수집할 수 있었다.
 금고가 반쯤 비게 되었을 때에도 신부는 사랑하는 병자들에게는 아무 부족함이 없도록 해주었다. 어떤 수도자는, 병자들이 제멋대로 무슨 말을 하여도 어머니보다 더 나은 한없는 너그러움을 보이더라고 눈물을 흘리며 이야기해 주었다.
 신부는 흔히 간호 일을 보는 수사들에게 "환자 편이 되어 생각하지 않으면 안 됩니다. 그들을 이해해야 합니다."라는 말을 했다. 또 신부는 병자들을 자기의 가장 좋은 협력자로 보았다.
 신부가 조소와 비난을 받은 것은 그의 주의 깊은 동작 때문만은 아니었다. '딴 사람과 다르게 처신했기 때문에' 미움을 받은 것이었다. 성인들은 모두 똑같은 원한의 희생이 되었다.
 성인들은 마치 개미집을 뒤집어 놓는 막대기처럼 우리들의 평범한 생활을 뒤집어 놓는 것이다. 성인들은 원하지도 않으면서, 또 많은 경우에는 저도 모르는 사이에 우리들에게 일종의 양심 성찰을 요구한다. 그렇지만 이 양심 성찰은 그다지 즐겁지 못한 것이다. 수도자들은 무언가 마음 한 구석에 여유를 두어 청빈 서원과 일종의 타협을 감행한다. 그렇지만 이 마멀레이드는 구시대의 회칙을 엄수하여 우리들을 부끄럽게 하는 것이다.

담배, 담배 피우는 게 죄가 될까? 천만의 말씀이다. 게다가 장상의 허락을 받고 피운다. 그렇지만 이 귀찮은 신부는 담배를 피움으로써 얼마만큼의 돈이 연기로 돼버리는가, 이 돈이 있으면 무슨 일을 할 수 있는가를 즉시 계산해 보는 것이다.

아무 말을 하지 않을 때에도 신부가 악의 없고 꿰뚫는 듯한 특유의 눈매로 바라보면 무언가 질리는 듯한 느낌이 든다. 이것을 방관해 버리는 태도 이외에 우리를 방위하는 길은 아무것도 없다.

사실 크라쿠프에서는 신부를 난폭하지 않은 광인으로 대접하거나 '좀 모자라는 사람'으로 보고 있었다. 어느 날 그로드노에서 그의 사업이 눈부시게 발전하고 있었을 때 '구경하러' 온 어떤 수사는 수도자들 앞에서 잠꼬대하듯 "저… 그는 학생 때에도 아주 편협하고 융통성 없는 사람이었습니다."라고 말했다.

막시밀리안 신부는 얼굴이 홍당무가 됐지만 꾹 참고 아무 말도 하지 않았다. 그때 신부는 성 바울로의 '그리스도를 위해 어리석은 자가 됐다.'라는 말을 생각해 냈을 것이다.

신부는 자신의 직위와 지력을 구원에만 사용했지, 자기의 명예를 위해 사용한 적이 없었다. 그는 남들이 말하는 대로, 행하는 대로 내버려 두었다. 대부분의 형제들은 그를 믿지 않았으며 그 중의 어떤 사람들은 그가 성인이 된 후에야 믿을 것이다.

당연한 일이지만 1919년 말 막시밀리안 신부는 병이 재발되어 중태에 빠졌다. 열은 40도까지 올랐다. 그러나 봄브리 수사가 진술서 속에서 말했듯이 누구 한 사람 그를 위문하는 이가 없었다. 그의 말대로 전염을 두려워했기 때문이리라. 봄브리 수사는 그의 청빈스런 독방의 모습을 다음과 같이 묘사하고 있다.

"옷장 한 개와 낡은 침대, 그 침대에는 짚이불이 한 장 있었지만 무척 낡았고 곳곳에 구멍이 나 있어 말구유처럼 지푸라기가 비어져 나왔다. 침대 발치 옷장 위에는 원죄 없으신 성모상이 모셔져 있었다. 방 한쪽 구석에는 낡은 테이블이 하나 있었고 그 테이블 위에 그 무렵 시복된 두 사람의 성녀, 곧 아기 예수의 데레사와 젬마 갈가니의 초상이 놓여 있었다."

신부의 병세는 매우 악화되어 부득이 자코파네의 사나토리움(요양소)에 입원하지 않으면 안 되었다. 신부는 거기서 1920년 1월부터 12월까지 머물러야 했다.

이 기간은 고통에 의한 사도적 활동의 때인 동시에 또 직접적인 사도적 활동의 때이기도 했다. 신부는 즉시 이 일에 착수했다. 자코파네의 여러 사나토리움 중 어떤 곳들은 종교적인 도움을 받기 어려웠다. 사제들에 대해 반감을 품고 있는 사람들이 이것을 경영하고 있었다. 대학 신용조합의 요양소 같은 곳은 무신앙의 근원이 되어 있었다. 어느 맑게 갠 날 막시밀리안 신부는 포켓에 '실탄'을 넣고 원죄 없으신 성모상을 더 없는 사랑의 눈으로 우러러 본 후 산책 시간을 틈타 싸움을 개시했다.

조합의 사나토리움은 무신론자들이 판을 쳤고 신자라고는 여대생

한 명밖에 없었다. 이 여대생은 감명 깊은 진술서 속에 이 '싸움'의 경과를 상세히 적어 놓고 있다. 앞에서 여러 차례 말한 바 있지만 이 젊은 수도자는 참으로 사람의 마음을 휘어잡는 눈매와 미소를 갖고 있었다. 마침내 학생들은 그에게 강론을 들려 줄 것을 부탁하기에 이르렀다. 사나토리움에서는 모두들 무료하게 지낸다. 신부는 이것을 노렸던 것이었다.

앞서 말한 여대생은 침상을 떠날 수가 없어 신부의 강론을 직접 듣진 못하고 자세한 이야기를 친구들로부터 전해 들었다. 그런데 모두들 이 젊은 신부가 훌륭한 천재요 참말로 '살아 있는 백과사전'이었으며 매우 강한 설득력을 몸에 지니고 있음을 알고, 설득 당하기 싫은 사람은 어리석게 그의 앞에 나서려고 하지 않았다.

"신부는 각자에게 필요한 것을 이야기해 주었고, 무신론자를 감동하게 하는 은혜를 갖고 있었습니다."

얼마 후 네 사람의 저명한 자유 사상가가 훌륭히 개종했다. 다른 많은 사람들도 고백성사를 받겠다고 하는 형편이었다.

신부의 강론 시간에 가장 충실히 출석했던 사람 중에 타르노프의 의학도인 유대인이 있었다. 병세가 차츰 악화돼 가고 있던 그는 어느 날 신부에게 "말씀을 듣는 것도 이게 마지막일 것 같습니다."라고 말했다. 신부는 그를 위로하며 매일 문병올 것을 약속했다. 그렇지만 중환자와의 면회는 금지돼 있었다. 불가능한 일을 가능하게 하는 데 전문가인 신부였으므로 어떻게 그 방에 몰래 들어갔는지는 몰라도 어쨌든 때맞추어 임종의 머리맡에 앉아 있었다.

환자는 신부에게 세례를 청했다. 막시밀리안 신부는 기쁨에 넘쳐 그에게 세례와 병자의 성사, 그리고 최후의 성체를 받게 하고 그의 목에 기적의 메달을 걸어 두었다. 그러나 다만 한 가지 걱정이 이 청년의 행복을 흐리게 했는데 그 까닭은 그가 광신적인 유대교도인 그의 어머니의 도착을 두려워하고 있었기 때문이다.

"안심하시오. 당신은 그 전에 천국으로 올라갑니다."

과연 그는 오전 11시에 아주 평안히 숨을 거두었다. 모친이 도착한 것은 정오였다. 이 여인은 괴상한 소리를 지르면서 아들의 목에 걸려 있는 기적의 메달을 쥐어 뜯었는데 그 부르짖는 소리는 사나토리움 전체에 울려 퍼졌다.

"내 아들은 살해되었다. 내 아들은 도둑맞았다."

그것은 아름다운 스캔들이었다. 사나토리움 원장은 이 일에 충격을 받아 막시밀리안 신부에게 이후 절대로 발을 들여 놓지 말라고 말했다. 원장은 신부의 사람됨을 잘 몰랐던 것이다. 막시밀리안 신부는 이 일에 관해 동생에게 다음과 같이 썼다.

「원죄 없으신 성모님은 이에 저항할 힘을 내게 주셨다. 나는 면회 시간에는 다른 사람처럼 병자를 방문할 권리가 있다고 대답했다.」

과연 신부는 그 후에도 부지런히 사나토리움을 방문했고 개종자는 늘어났다. 신부는 신의 존재에서부터 그리스도의 신성에 이르는 여러 문제에 대해 계속 '호교 강론'을 행했다. 어제까지 무신론자였던 사람들도 어린 양처럼 온순하게 되어 신약성서와 신부가 추천하는 다른 주요 서적들을 구해 양심적으로 연구하기 시작했다. 신부는 중도에서 반쯤만 하고 그쳐 버리는 일이 없었던 것이다.

이 철저한 강인성은 신부의 성격 중 가장 뚜렷한 특징이었다. 자신이 하고 있는 일에 확신을 갖고 있을 때는 결코 양보하지 않았다. 정문에서 격퇴되면 창문으로 침입하여 공격을 가하는 것이었다. 이 점에 대해서 유쾌한 사건들을 많이 들 수 있다.

어느 날 신부는 니에샤바의 프로테스탄트 목사에게 토론을 건 적이 있었다. 질문을 받고 도망할 구멍을 잃은 목사는 신부를 내쫓아 버렸다. 그랬더니 신부는 이번엔 부엌문의 계단으로 올라와 나타났다. 이것을 본 목사가 얼마나 놀랐던가는 쉽게 상상할 수 있다. 그러나 신부는 태연스레 거리낌 없이 말했다.

"나는 당신이 전날 말한 이론(異論)에 대해 토의하고 싶습니다. 베드로의 수위성에 대한 성 마태오의 글은 후세에 가필한 것이 아닙니다. 따라서…."

치키토 신부는 학생 시절의 막시밀리안 신부가 계속해서 "왜?"를 연발했던 것을 생각하고 정말 귀찮은 사람이라고 말했다. 아마 이 목사도 정말 귀찮은 사람과 만났다고 생각했을 것이다. 막시밀리안 신부는 위험한 상대였다. 굴복하는 일이 없었고, 어떤 영혼을 공격할 때는 바로 덤불숲 속에서 길을 잃은 어린 양을 찾아 돌아다니는 양지기 개처럼 반드시 이를 착한 목자에게로 데려가지 않고서는 그만두지 않았다.

그러나 자코파네에서는 '거룩한 순종에 의해 지정된 범위 내에서'만 활동했고 명령받은 치료 방법도 엄격히 지켰다. 소파 위에서 오랜 시간을 보내지 않으면 안 되었으며 기도 시간도 많았다. 신부는 환자로서의 의무를 훌륭하게 해냈던 것이었다.

동생에게 보낸, 참으로 주옥 같은 편지에는 그의 열렬한 영혼이 늘 보다 높은 경지로 상승하고 싶어하였음이 잘 나타나 있다. 그 속에 다음의 귀절이 있다.

「편지를 받아 읽고 아주 기뻤다. 만약 네가 너의 결심을 전부 실행한다면 틀림없이 너는 성인이 될 것이다. 그러나 이 길만은 끝이 없는 길이다. 성인은 계속해서 자신을 성화시키지 않으면 안 된다. 이 길을 깊이 헤쳐 들어가면 갈수록 더듬어 온 길이 남은 길에 비해 얼마나 짧은가를 틀림없이 깨닫게 될 것이다. 우리들은 항상 임종 때의 성 프란치스코처럼 '선행을 하기 시작했다.'라고 말하지 않으면 안 된다.」

이 글을 읽으면 이미 경험을 한 영성 생활의 대가다운 모습이 엿보이지 않는가? 그렇지만 그 무렵 신부는 겨우 26세에 불과했던 것이다. 신부는 적당주의자가 아니라 핵심에 파고드는 사람이었다. 아우는 다음과 같은 회답을 써 보냈다.

「형님의 편지는 저에게 기묘한 효과를 얻게 해주었습니다. 다른 사람들과 사제의 이상형에 대해 말할 때는 저도 거기 상당히 가까이 나아가 있다고 느꼈지만 형님의 편지를 읽자 아직 계단 저 아래에 서 있는 것 같아 실망할 지경입니다. 저의 자존심이 반발하고 있는 형편입니다. 그러나 겸손하게 다시 일을 시작하기로 했습니다.」

듣는 이를 얼마나 유쾌하게 만들어 주는 순진성인가? 이 아우는 레오 수사(역자주・성 프란치스코의 가장 가까운 제자)라 불리울 만큼 이 새로운 빈자의 뒤를 한 걸음 한 걸음 더듬은 것이다.

이 밖에도 그 무렵 막시밀리안 신부에게 보내진 편지들이 남아 있다. 이 편지들은 신부에 관한 어떠한 심리적 논거보다도 신부의 모습을 더 잘 나타내고 있다. 그렇지만 필자는 이 편지들을 읽으면서 라테라노의 성 요한 대성당 세례소에 있는 유명한 출입문이 생각남을 금할 수 없었다. 문을 여닫을 때 삐걱거리는 소리가 나면 문지기는 득의양양해서 "놀랄 것은 없습니다. 이 속에 은이 들어 있으니까요."라고 말했다.

참으로 실례되는 불평의 말이겠지만 동료 수사들의 편지의 대부분은 "그 속에 은이 들어 있다."고 말할 만한 것이 없다. 그들은 놀라울 만큼 저속하고 평범한 면에만 익숙해져 있어 개인적인 일상의 면모만 보고 일체의 과열, 영웅주의 등에 대해서 불신의 시선을 던지며 다만 안이하게 삶을 보내는 것 한 가지만 바라고 있었던 것이다.

그러나 한 개의 예외가 있다. 1921년 1월 31일, 성성의 향기 높이 세상을 떠난 베난티 신부로부터 보내온 한 통의 편지가 그것이다. 임종하는 신부가 급히 휘갈겨 쓴 이 편지에는 특별히 보기 드문 어조 — 성령의 어조가 숨어 있다. 두 사람은 자주 만날 기회가 없었으나 두 사람의 영혼은 서로를 이해하고 있었다.

베난티 신부는 이렇게 썼다.

「어떻게 설명해야 좋을지 모르겠습니다. 그러나 첫날부터 나의 마음은 당신에 대해 커다란 애정으로 가득 찼었습니다. 우리들은 같은 갈망과 같은 열정 속에서 살고 있다고 생각했던 것입니다. 비록 당신의 지혜와 완덕으로 나아가는 진보에는 내가 감히 미치지 못할 바이긴 하나….」

임종하는 이 신부는 막시밀리안 신부의 가장 좋은 동지였다. 그는 비할데 없이 순수하고 겸손한 편지로 막시밀리안 신부를 격려했다. 그렇지만 저 세상에서 '양손으로 일할 수 있게 될 때' 더욱 많은 격려를 주는 법이다.

성인들이 서로 마음을 합하는 것만큼 감동적인 일도 없다. 이것은 마치 하늘과 땅, 땅과 하늘이 끊임없이 서로를 이해하고 도와 주는 것과 같다고나 할까?

약속의 꽃핌

　기념해야 할 1917년 10월 17일, 원죄 없으신 성모의 깃발 아래 참여한 사람은 7명이었다. 두 사람은 죽었으나(그 중 한 사람은 분명 하느님이 선택하신 사람답게 죽음을 맞았다.) 다른 사람들은 과연 어떻게 되었을까?
　감히 말한다면, 이 봉헌을 끝까지 완전하게 지켜 나간 사람은 이 모임의 우두머리격인 막시밀리안 신부뿐이었다. 그러나 그렇다 해도 다른 사람들을 비난할 수는 없다. 그들 중에 거룩한 수도자가 없었다고는 단정할 수 없기 때문이다. 그러나 그들은 막시밀리안 신부처럼 광대하고 열렬한 — 정확히 말하자면 — 천재적인 기풍을 갖고 있지 않았다. 신부가 없었다면 그들의 생각은 작은 신심회의 틀 안에서 제대로 움직이지 못할 위험이 많이 있었다. 그렇지만 막시밀리안 신부가 원죄 없으신 성모의 기사회를 창립할 당시 의도하고 있었던 것은 이런 신심회가 아니었던 것이다.
　여러번 되풀이하는 말이지만, 신부는 목표가 큰 사람이고 문자 그대로 영혼에 대한 목마름을 느끼고 있었으며 그것도 전세계를 대상으로 하고 있었다. 전체에서 조금이라도 부족하면 만족할 줄을 몰랐다. 이것이 그의 성격 중 가장 뚜렷한 것이었는데 이러한 광대한 견지에서 보아야 그의 모든 생각과 계획과 사업을 설명할 수 있는 것이다.

  신부는 '영혼들을 구한다.'라는 말을 결코 쓰지 않았고 '모든 영혼을 구한다.'라고만 했으며 만일 다른 사람들이 이 말을 단순한 과장법으로 오해하면 반드시 '이 지상에 존재하는 모든 영혼 및 세상 끝까지 이 지상에 존재할 영혼'이라고 부언했다. 필자의 생각으로는 신부의 용어나 편지 속에서 가장 자주 나오는 말은 '모든'이라는 단어이다. 이런 대망은 광인이거나 성인이 아니면 지닐 수 없는 것이다. 따라서 신부가 일부 사람들로부터 광인 취급을 받은 것은 이상한 일이 아니다. 아직 그때까지는 신부의 이 대망이 그 시대의 시련을 겪지 않으면 안 되었다. 뒤에 가서야 신부의 생각이 옳았음이 입증되었던 것이다.

  그뿐만이 아니다. 성인이란 아주 단순하고 평범한 말에도 완전한 의미와 힘과 무게를 주는 집요한 현실주의자라고 정의할 수 있다. 성인은 무엇 하나 경솔하게 입에 올리거나 약속하는 법이 없다. 성인은 외면적으로는 평범해도 실제로는 헤아릴 수 없는 깊은 의미를 담고 있는 어휘를 두려워하는 것이다.

  그들은 스스로 원하지 않으면서도 시인이 되고 '말의 귀족'이 되며 잃어버렸던 언어의 아취(雅趣)를 되찾아 주는 사람이 되는 것이다. 그들의 가난한 손 안에 들어오면 가장 시시하고 평범한 어휘도 영광의 찬미로 바뀌어져 버린다. "자매인 물이여, 형제인 불이여, 자매인 산비둘기여, 형제인 이리여!" 따위가 그렇다. 피조물마저 그들에게 복종하는 것은 그들이 피조물의 '고유한 이름'을 재발견해 주기 때문에 그런게 아닐까?

 마찬가지로 성인들은 약속을 서약과 똑같이 생각한다. 그들은 약속을 위해 온몸을 들어 맡기며 모든 것을 문자 그대로 해석한다. 얼마나 많은 선량한 영혼이 소화 데레사처럼 '무한한 사랑을 위한 헌신'을 되풀이했으며 또 되풀이하고 있는 것일까?

 그러나 자기가 발한 말을 완전히 이해하고 있는 자는 극히 드물다. 만일 하느님이 그들의 말을 문자 그대로 받아들이신다면 도대체 어떤 일이 생길는지 그들은 이해하고 있을까? 하여튼 산테오도로의 '독방'에서의 약속을 행한 이는 일곱 명이었다. 그러나 막시밀리안 신부만이 자신의 말과 서약의 의미를 알고 있었던 것이다.

 막시밀리안 신부의 주된 생각은 무엇이었던가? 그는 결국 무엇을 바라고 있었던 것일까? 그것은 원죄 없으신 성모님에 의해 세상 종말에 이르기까지 전세계에 존재할 모든 영혼을 그리스도의 것이 되게 하는 것, 그 이상의 무엇도 아니고 또 그 이하의 무엇도 아니었다.

 목적을 추구하는 자는 수단을 고른다. 이 점에 있어서도 막시밀리안 신부는 철저히 논리적이었고 극히 현실적인 신학자였다. 원죄 없으신 성모님은 '모든 은총의 어머니'로서 구세주 그리스도를 우리에게 주신 분이요, 하느님 은총의 분배자며, 그 자비의 공적인 대표자이시므로 그 따사로운 이끄심에 무조건 몸을 맡기고 그의 유순한 도구가 되지 않으면 신비로운 일을 해낼 수 없다고 생각했던 것이다.

 우리들이 어떤 문장을 읽을 경우 그것이 옳고 지극히 정통적이라는 생각이 들더라도 그것을 문자 그대로 우리의 피와 살이 되게 하는 것, 한 마디로 말해서 이것을 생활화하기는 굉장히 어렵다. 우리는 주의 기도를 외운다. 그러나 성인들 중에는 그 첫마디에 매혹되어 계속해서 외울 수 없었던 분이 있었다. 막시밀리안 신부의 모든 사상은 주의 기도 네 줄 뿐이었지만 세계 정복을 위해서는 이 네 줄만으로도 충분했던 것이다.

신부가 창립한 기사회의 공식적 명칭은 '신심단체(Pia Unio)'였지만 신부는 결코 신심회를 창립할 의사가 아니었다. 또 신부는(그 사업이 프란치스코회에서 나왔음에 대해 정당한 자부심을 평생토록 가지고 있었지만) 이 기사회를 프란치스코회 안에 국한시킬 것을 바라지 않고 교회처럼 확장되기를 바랐다.

기사회는 원죄 없으신 성모께 바쳐진 것이므로 모든 완율(緩律)수도회, 엄률(嚴律)수도회 및 모든 가톨릭 활동 단체에도 적용시킬 수 있었다. 왜냐 하면 기사회의 목적과 존재 이유는 어떤 의미의 성소든지 모두 성성의 개화에 이를 수 있도록 완성하고 안내하는 데에 있기 때문이다. 따라서 이 기사회는 범위를 축소시키거나 길을 빗나가게 하기는커녕 오히려 충실을 그 목표로 삼아 이것에 도달하기 위해 무류의 효과를 내는 무기를 대어 주는 것이다.

이 무기란 바로 원죄 없으신 성모께 대한 봉헌을 자신의 피와 살로 삼아 생활화하고 문자 그대로 실현하게 해주는 것이다. 이런 사정을 파악하지 못하면 신부를 조금도 이해할 수 없게 된다. 왜냐 하면 이것이 막시밀리안 신부의 모든 사업의 비결이기 때문이다.

그러나 강조해 두어야 할 또 하나의 특징이 있다. 신부의 전기를 쓴 사람들은 모두 그 불굴의 활동을 찬양한다. 미국식 표현으로 신부는 '능률의 천재'인 것이다. 어떤 사람은 신부의 사업이야말로 최대의 기적이라고 말하는데, 지당한 이야기이긴 하나 나는 신부만큼 행동주의와 인연이 먼 사람을 알지 못한다. 사도적 활동이란 '충만된 관상'

이라고 정의할 수 있다. 이 스콜라 학파의 정의를 보증할 증거가 필요하다면 여러 점에서 보아 경이적이었던 신부의 생애가 바로 이것을 입증하고도 남는다고 할 수 있다. 막시밀리안 신부는 항상 영성의 수위성을 옹호하고 제자들에게 이단 중에서 가장 미묘한 이단인 행동주의의 이단을 경계하라고 가르쳤던 것이다.

신부는 M.I.의 계획 안에 성모의 기사가 이용해야 하는 4개의 방법을 들었다. 표양, 기도, 고통 및 노동이 그것이다. 신부는 직접적인 활동보다는 오히려 고통에 의해 더 많은 것을 얻을 수 있다고 항상 되풀이해 말했다.

원죄 없으신 성모의 사업은 내적 생명의 개화, 넘쳐 흐르는 생명수, 꺼지지 않고 타오르는 불꽃이 되지 않으면 안 된다. 그렇지 않으면 이 사업은 분명 우스꽝스러운 만화나 배신 행위에 그치고 말 것이다. 막시밀리안 신부는 결코 이 근본 사상에 어긋남이 없었다. 아무리 성공했다 해도 그는 우쭐해 하지 않았다. 오늘 주장하고 있는 것은 20년 후 '원죄 없으신 성모의 마을'이 크게 번성하게 되었어도 계속 되풀이해 주장할 것이다. 영성의 수위성을 위험하게 하는 것은 신부의 사업 전체를 위험하게 하는 것이 되는 것이다.

그런데 이 사업은 어떻게 하여 시작된 것일까? 독자는 산소 인공기흡법으로 치료받고 있는 중태의 신부와(신부의 다른 쪽 허파도 마찬가지로 병균의 침입을 받았다.) 이 단원의 주제와의 관계를 찾아보려고 고심할 것이다. 단적으로 말해서 막시밀리안 신부는 사나토리움으로 출발하기 전에 그 작은 겨자씨를 땅에 뿌렸던 것이다. 이 씨앗은 참으로 작고 빈약한 것으로서 이것을 바르게 받은 자는 아무도 없었으며 어떤 사람은 공연히 모욕하기까지 했다.

어쨌든 원죄 없으신 성모의 기사회의 첫번째 조직이 크라쿠프에서 창립되었다. 신부가 누구보다 먼저 동료 수사들에게 호소한 것은 당연한 일이다. 그러나 아무런 성과도 거두지 못했다. 그래서 그는 '이방인(외부 사람)'들에게 갔다. 매월 1회 프란치스코 수도원 가까이 있는 '이탈리아 회관'에서 집회가 열렸다. 지원자의 수가 매일 증가되었다. 앳된 얼굴에 웃음을 가득 띠고 원죄 없으신 분에 관해 이야기하며 천사들처럼 성모님을 섬길 수 있다고 생각하는 이 젊은 수도자에게 사람들은 마음이 끌린 것이다. 신부는 말로써가 아니라 몸으로써 설교했던 것이다.

 신부가 이 무렵 행한 훈화 중에 1919년 11월 15일 성직자들을 위해 이야기한 것이 꼭 하나 남아 있다. 이 글은 신부의 '내심'을 드러내는 것이므로 전문을 게재할 가치가 있다고 생각한다. 그 요지는 '황금을 제련하는 불'인 고행에 대한 찬미이다. 오직 체험으로써만 얻을 수 있는 독특한 어조로 이야기한 이 훈화는 참으로 투철감과 박진감에 가득 차 있어 주의 깊게 읽어 둘 필요가 있다. 오해를 불러일으킬 구절도 있어 신부는 먼저 양해를 구하고 있다. 박해는 결심과 함께 있다고 신부는 말하는 것이다.

「아무리 선량한 의향도 때로는 나쁘게 해석되고 어떤 사람들로부터는 헐뜯는 말이 될 수가 있습니다. 이런 박해는 오직 적으로부터 받을 뿐만 아니라 선량하고 신심 깊은 사람들, 때로는 거룩한 사람들, 어쩌면 원죄 없으신 성모의 기사회에 그 이름을 두고 있는 사람들로부터도 받을 수 있는 것입니다.

 이런 사람들은 신의 영광밖엔 바라지 않으면서도 우리의 모든 통로를 가로막고 서서 우리가 건설한 것을 파괴하려고 애쓰고 우리들로부터 다른 영혼을 떼어 놓으려고 노력하는데, 이것을 보는 것만큼 큰 슬픔은 없습니다.

그렇다면 모두가 우리를 가로막을 때 우리의 등대가 되고 나침반이 되는 것은 무엇일까요?」

이 마지막 물음에 대한 답은 다른 의견을 내지 못할 만큼 명확했다. 원죄 없으신 성모의 의지를 드러내는 '거룩한 순종'이 그것이다. 나의 장상은 잘못을 저지를지도 모른다. 그렇지만 나는 순종하기만 하면 잘못함이 없다.

「만일 '순종'이 당신에게 오늘은 "하라."라고 하고 내일은 "하지 말라."라고 한다면 오늘은 그것을 하고 내일은 그것을 하지 마십시오. 그러면 결코 틀렸다고 염려하게 되지는 않을 것입니다.」

그렇지만 신부가 순종하는 한 잘못은 안 저지르겠지만 그의 장상들은 어떻게 되는 것인가? 신부가 이렇게까지 순종적임을 보고 거북한 심정이 되지 않을 수 있겠는가?

심한 반대와 방해를 받고 신부도 괴로워했으리라고 생각해서는 안 된다. 거룩한 영혼 중에는 자신이 순교자라고 말하지 않을 뿐 순교자의 관을 노골적으로 드러내고 있는 이도 있지만 신부는 결코 그런 사람이 아니었다. 그는 기쁨을 가지고, 극히 청순한 프란치스코적인 기쁨을 가지고 이 '자매인 고통'을 맞아들이는 것이다. 신부는 말한다.

"이러한 시련은 모두 지극히 유익하고 필요하고 때로는 없어서는 절대로 안 될 것입니다. 마치 황금을 제련해 내는 도가니의 타오르는 불처럼."

그는 '고통이란 유익한 것'이라고 말할 뿐 아니라 그 고통이 자기에게 오기를 간절히 바라는 것이다.

"은총은 우리들의 마음이 활활 불타오를 때 괴로움과 한없는 고통과 경멸과 모욕을 갈망하게 하고, 바로 그 고통에 의해 하늘에 계신 아버지와 우리들의 친애하는 성모님을 얼마나 사랑하는가를 드러내고 싶은 마음이 생기게 됩니다. 고통만이 사랑의 학교일 뿐입니다."

신부는 성인의 학문, 십자가의 학문을 수련하는 학교에서 그 학위를 획득한 것이었다.

"우리들이 슬픔에 사로잡혀 절망하고, 힘이 다 빠지고, 아무 위로도 받지 못하고, 하는 일마다 박해만 받고, 자꾸 실패만 하고, 십자가의 예수처럼 만인들에게 버림받고 조롱받고 비난받고 안팎이 온통 암흑으로 가득 차 있을 때, 박해자를 위해 온 마음으로 기도하고, 모든 수단을 다 써서 그들을 원죄 없으신 성모님의 힘으로 모두 하느님께 인도하려고 노력하게 된다면 이것이야말로 가장 많은 선을 행할 수 있는 방법을 터득한 것이라 아니할 수 없습니다."

요컨대 무엇보다도 먼저 '바라는 것, 한없이 바라는 것'이 긴요한 것이다.

"우리가 죽은 뒤, 원죄 없으신 성모님께서는 우리의 사업을 완성시켜 주실 것입니다. 그때 우리들은 이 가련한 지상에서 이룩할 수 있는 것보다도 많은 것을 이룩할 수 있을 것이 틀림없습니다. 이 지상에서 다른 사람에게 손을 내밀 때는 우리 자신이 타락하지 않도록 주의해야 하기 때문입니다. 그러니 우리가 이 세상에서 우리들 활동의 열매를 보지 못한다고 마음 아파해서는 안 됩니다. 죽은 후에야 우리의 수확을 거두어들이게 하시는 것이 하느님의 뜻일지도 모르기 때문입니다."

이미 대가같이 말하는 이 신부는 25세의 젊은 수도자에 불과했음을 기억해야 한다. 그는 열병에 못 이겨 한 달 뒤에는 병상에 눕게 되었다. 그러나 이런 성격의 영혼이라야 큰 것을 획득할 수 있는 법이다.

병원에서의 사도적 활동은 퍽 오래 계속되었다. 병세는 호전되었지만 완쾌되지는 못했다. 그러나 장상은 신부에게 크라쿠프로 돌아가 일을 다시 할 것을 허락했다. 이리하여 오랫동안 기다리고 있던 새로운 시기가 시작된 것이다.

원죄 없으신 성모의 기사회에는 새로운 회원이 속속 입회하여 '이탈리아 회관'은 이들을 다 수용할 수 없게 되었다. 그래서 많은 회원은 실외에 있어야 했고 회합에 참석 못함을 애석해 했다. 따라서 가급적 빨리 연락의 중심지를 만들지 않으면 안 되었다. 이래서 나타난 것이 휴지쪽 정도밖에 안 되는 앙증스런 회보였다.

장상들은 이 계획에 반대하지 않았다. 그러나 "자금은 스스로 융통해 보시오. 수도원은 가난해서 도와 줄 수 없습니다."라는 것이었다. 만약 장상들이 "이 이름난 신부도 자금을 얻지 못하면 의지가 꺾여 버리겠지."라고 생각했다면 그건 잘못 안 것이라고 말할 수밖에 없다. 신부는 원죄 없으신 성모께 대한 사랑을 위해 기부금을 모으는 방법을 생각해 냈다.

뒷날 술회한 바 있지만 이 기부금 모집 때 이것 저것 곤란한 일을 겪지 않으면 안 되었다. 처음으로 문을 두드릴 때는 발이 움직여지지 않아 세 번이나 되돌아 서고 말았다. 그러나 마침내 움직이지 않는 발을 억지로 떼어 얼굴을 붉히면서, 그것도 실현될 것 같지도 않은 막연한 계획을 위해 기부금을 청했다. 크라쿠프의 자선심 많은 어떤 사제가 그 최초의 희생이 되었다.

이렇게 하여 모인 약간의 기부금과 가난한 회원의 헌금으로 창간호의 비용을 댈 수가 있어 1922년 정월, 이것을 발행했다. 이 무렵은 극심한 출판 위기로 인해 지반이 아주 튼튼한 잡지까지도 불황에 허덕이고 있었다. 따라서 이 잡지도 겸손하고 청빈하게, 선전도 않고 장정도 없이 발행되었다. 그리고 '편집실로부터'라 하여 "자금난 때문에 독자들에게 본지의 정기 간행을 약속할 수 없습니다."라는 양해의 글을 게재하였다. 다만 표제만은 커다랗게 「원죄 없으신 성모의 기사」라고 붙였다.

가난한 신부에게 협력자가 아무도 없었으므로 창간호는 거의 혼자서 원고를 쓰지 않으면 안 되었다. 신부는 흔히 말하는 문학적 재능은 가지지 못했지만 그 이상의 것을 갖고 있었다. 즉 평범하고 청순한 문체, 정확히 요점을 드러내는 말, 활활 타오르는 거룩한 불꽃이 그것이다. 신부에게는 어떠한 장애도 문제되지 않았고 모든 것을 이겨 내며 곧게 나갈 뿐이었다.

제2호가 인쇄에 붙여졌다. 그 동안도 자금 부족은 계속되었다. 그리고 인쇄비를 지불해야 했을 때는 한 푼도 없었다. 원장은 예측했던 대로 됐다는 듯 어깨를 으쓱하면서 말했다.

"삽으로 달을 치는 격입니다(폴란드 속담). 어쨌든 스스로 뒤처리를 하십시오. 수도원에 폐를 끼쳐서는 안 됩니다."

그렇지만 그때 원죄 없으신 성모께서 직접 원조를 해주었다. 곤란에 처해 있던 불쌍한 편집장은 미사 후 성모 마리아의 제단 위에서 한 개의 봉투를 발견했다. 그 속에는 인쇄비를 지불하는 데 필요한 돈이 들어 있었고 서툰 글씨로 '사랑하는 어머니, 원죄 없으신 성모님을 위해서'라고 씌어져 있었다.

신부는 곧바로 장상한테로 달려갔다. 모두들 깜짝 놀랐다. 이러쿵 저러쿵 하기에는 금액이 너무나 꼭 맞게 '일치'해 있었다. 막시밀리안 신부가 이것을 사용할 허가를 받아 그대로 했음은 더 말할 필요가 없다.

그날부터 푸른 표지의 작은 잡지는 기적적인 발전을 해갔다. 사람들을 깜짝 놀라게 하는 '우연의 일치'는 많지 않았지만 작은 사건들을 모아보면 섭리의 도우심의 흔적을 엿볼 수가 있다. 막시밀리안 신부가 금고 대신에 사용한 보잘것 없는 종이 상자 밑바닥에 복자 코톨렌고의 초상을 넣어 두고 복자를 신부의 '출납계원'이라고 불렀던 것은 주목할 일이다.

이것은 놀랍도록 훌륭한 착상이었다. '피콜라 카사(역자주 • Piccola Casa, 작은 집이란 뜻. 이탈리아의 유명한 기형아 수용소의 이름으로 경제적으로 곤란할 때 기적적인 도움을 많이 입은 곳으로 유명하다.)'의 창설자인 코톨렌고는 이 기묘한 잡지의 편집과 아무런 관계가 없었으나 이 편집장도 결코 내일 일을 걱정하지 않고 그날 그날의 일에 최대의 능률을 올리려고 노력하고 있었기 때문이다. 그밖의 것은 하느님의 섭리가 배려해 주실 것이 분명하다.

신부를 잘 알고 있던 사람이 어느 날 필자에게 다음과 같은 이야기를 들려 주었다.
"막시밀리안 신부의 생애에는 두 가지의 기적이 있습니다. 이 두 가지만으로도 신부를 시성하기에 충분하다고 봅니다. 첫째는 건강인데 그분은 허파를 4분의 1만 지니고 있었습니다. 다음은 그의 사업입니다. 그분은 맨주먹으로 출발하여 양식과 예측을 무시하고 거대한 사업을 이룩했습니다. 그 누구도, 신부 자신도 이것을 이해하지 못했으며 신부는 이해하지 못하는 것을 오히려 자랑으로 삼고 있었습니다. 원죄 없으신 성모께서만 알고 계시면 신부는 족했던 것입니다."

동료 수사들은 아무도 신부를 격려해 주지 않았다. 이 미치광이 같은 사업이야말로 막시밀리안 신부가 조금씩 정신이 돌고 있는 증거라고 생각했었다. 어떤 사람들은 명백한 반대 의사를 표명했다. 그 중 한 사람은 "우리들의 스승이신 성 프란치스코의 정신은 잡지를 발행하는 것이 아니라 설교를 하고 고백을 듣는 것이다."라고 하며 신부의 사업을 비난했다.

그렇지만 존경하는 신부여, 성 프란치스코는 기차를 탄 적이 있는가? 자동차나 비행기를 탔던가? 성인의 시대에 인쇄소가 있었단 말인가? 당신의 논리가 옳다면 모든 신문과 잡지를 당신 수도원에서 몰아내야 한다. 폭신한 안락의자에 걸터앉듯이 '전통'위에 주저앉아야 옳단 말인가?

막시밀리안 신부는 아무 말도 하지 않았다. 다만 폭풍이 가라앉기만을 기다려 장상한테로 가서 새로운 허가를 청할 뿐이었다.

그런데 이번에는 아무래도 좋을 그런 일이 아니라 인쇄기를 한 대 구입하는 중대한 문제가 제기되었다. 낡은 기계가 있었지만 그것은 쓸 수 없는 것이다. "1년 전부터 다섯 번이나 인쇄소를 바꾸었기 때문에 재정난에 처해 있습니다."라는 게 그 이유였다.

관구장은 늘 그랬듯이 "허락은 하지만 비용은 스스로 변통하시오."라고 답했다. 그렇지만 막시밀리안 신부는 한 푼도 갖고 있지 않았다. 도대체 어떻게 해야 할 것인가? 항상 그랬듯이 신부는 자기 몸을 대가로 지불했다. 성인들은 기적을 행한다. 그러나 우리들은 그것이 얼마나 값비싼 대가의 결과인지 모르고 있다.

그 무렵 크라쿠프에 폴란드의 부흥한 모습을 보기 위해 미국에서 건너 온 신부가 있었다. 어느 날 휴식 시간에 신부들은 이 귀한 손님과 농담을 주고 받았는데 가난한 편집장인 막시밀리안 신부가 그들 심심풀이 농담의 주인공이 되지 않으면 안 되었다.

동료 수사 한 사람이 신부의 '도무지 볼품 없고 수준이 낮고 시시한' 잡지를 비평하기 시작했다. 그러자 또 한 사람의 수사는 "이 선량한 신부는 이것으로써 전세계를 정복하려고 애쓰고 있답니다."라고 말하며 웃었다. 세 번째의 수사는 묘한 모습으로 신부의 흉내를 내며 "저 양반은 전용 인쇄기를 가지려는 꿈을 갖고 있지만 농담도 정도가 있어야죠. 한 푼도 없이 빌리려고만 한다니까요."라고 놀렸다. 막시밀리안 신부는 변명도 않고 노한 모습도 보이지 않고 다만 부끄러워 눈을 내리깔고 손으로 입을 가리며 침묵하고 있었다.

특징있는 동작으로 약간 머리를 흔들며, 겉으로는 태연한 체하지만 아픈 곳을 찔린 탓으로 해서 못할 말을 참기 위하여 손으로 입을 가리고 있는 그의 모습이 눈에 보이는 듯한 느낌이다.

미국 신부는 이런 잡담에는 별로 흥미를 보이지 않았다. 미국에서 막 건너 왔으므로, 막시밀리안 신부가 기묘하다는 생각도 그를 놀라게 하는 대신에 그 자신의 생각을 정리하는 데 도움이 되었다. 인쇄기를 사고 싶어하는 정당한 사정이 있을까? 마침내 그는 말했다.
 "친애하는 신부님들, 여러분들도 이 신부를 비웃는 대신에 도와서 그 기계를 살 비용을 대주시는 게 더 좋지 않습니까?"
 그리고는 무거운 침묵 속에서 부끄러워 어쩔 줄 몰라하는 막시밀리안 신부 쪽으로 향해서 "얼마 안 되지만 이걸로 시작해 보십시오."라고 말하면서 그 자리에서 1백 달러의 수표를 끊어 내밀었다. 그 무렵으로서는 1백 달러는 큰 돈이었다.
 이렇게 하여 막시밀리안 신부는 크라쿠프 근처 라기요프니키에 있는 '천주의 자비'회 수녀로부터 한 대의 낡은 인쇄기를 살 수 있었다. 이 수녀원에서는 그 무렵 작은 성녀인 무한한 사랑의 사도 파우스티나 수녀가 천국으로 여행을 떠나려 하고 있었다.
 그러나 동료 수사들은 그 이상 참을 수가 없었다. 막시밀리안 신부는 너무나 수도원을 들끓게 하고 시끄럽게 했던 것이다. 평범한 생활 속에서 안일을 꾀하고 있던 늙은 신부들은 견딜 수가 없었다. 장상들도 이 다음에는 신부가 어떤 요청을 해 올지 몰라 전전긍긍하고 있었다. 게다가 이 요구는 하느님의 의지를 대변하는 '거룩한 순종'의 이름 아래 제출되는 것이다. 정말 곤란한 상태였다. 어떻게 해서라도 이런 상태를 종식시키지 않으면 안 된다. 그래서 신부를 가두어 놓을 조용한 장소를 찾게 되었다.
 그렇다, 그로드노로 이동시키자. 폴란드의 동쪽 끝으로…. 황폐한 이 수도원에서는 아무도 불평을 말하지 않을 것이다. 이동시키는 이유로 이 마을은 요즘 완전히 쇠퇴했지만 옛부터 이름있는 휴양지라는 것을 들었다. 가련한 이 성모의 기사는 황무지에서 살지 않으면 안 된다. 그러나 적어도 크라쿠프는 한숨 놓게 되는 것이다.
 막시밀리안 신부는 편지 속에서 몇 번씩이나 "오오 크라쿠프여, 오오 크라쿠프여."하고 참혹히 부르짖으며 이별을 서러워하고 있다. 신부가 이때 얼마나 괴로워했던가는 하느님만이 아실 것이다. 그러나 그것은 육체적으로나 정신적으로나 신부에게 오히려 득이 되었다. 신부가 몸을 베어 낼 듯한 탄식을 발한 것은 결코 그 자신의 괴로움 때문이 아니었다. 완덕을 목표로 하던 많은 영혼들이 차차 평범한 생활로 떨어지는 것을 본 때문이었다. 신부가 그토록이나 괴로워했던 것은 이번 일이 하느님의 기쁨과 관계가 있었기 때문이다.

그로드노로 가다

기적적인 고기잡이의 비결

성인들은 우리들의 얕은 식견으로서는 이해할 수 없는 방법으로 기적을 일으킨다. 그들의 계산은 아주 간단하다. 할 수 있는 것, 할 수 있는 이상의 것을 행하고, 아낌없이 행동하여 힘이 다했을 때는 "주여, 이번은 주님의 차례입니다. 저는 더 이상 어떻게 할 수 없습니다."라고 기도하는 것이다. 이것이 무한한 사랑이신 하느님을 설복시키는 방법이었다.

성인들의 책략을 알고 있던 막시밀리안 신부는 자신이 아무것도 갖고 있지 않으면서, 건강마저 나쁘면서, 세계 정복이라는 당치도 않은 사업에 나선다.

신부는 다만 한 가지밖에 구하지 않는다. 남아 있는 약간의 체력, 순간 순간의 생명, 그리고 한 방울 한 방울의 피를 마지막 것까지 모두 번제의 제물로 삼아 원죄 없으신 성모께 맡기는 그것이다. "인자하신 어머니, 저는 제가 할 일을 다 합니다. 어머님이 하실 일은 어머님께서 잘 해주시겠지요?" 가장 아름답고 가장 자애 깊으신 어머니께서 어떻게 이 말을 흘려 들을 수 있을 것인가?

병 중의 어느 날, 신부는 자기 안경과 회중시계를 원죄 없으신 성모상의 발 밑에 놓아 달라고 했다. 사람들은 그의 머리가 돈 게 아닌가 하고 생각했다. 그러나 신부는 미소지으며 다음과 같이 설명했다. "나의 안경은 나의 눈이며 나의 생각이며 나의 노력입니다. 시계는 나에게 남아 있는 생명입니다. 이것은 모두 성모 마리아의 것입니다. 나는 몸을 완전히 성모 마리아께 바쳤으므로 이제 이 모든 것은 내 것이 아닙니다. 성모님께서 원하시는 대로 처분하실 게 아닙니까?"

신부는 성모님의 전능하신 손에 쥐어진 도구가 되는 것밖에 바라지 않았다. 그리고 없는 데서 열매를 맺게 하는 기술을 재빨리 습득했다. 왜냐 하면 가난한 수단이야말로 성모 마리아의 기분에 맞는 것이기 때문이다.

영광된 과거와는 반대로 쇠퇴의 밑바닥에서 허덕이고 있던 그로드노에서는 간청하면 이뤄지는 분야를 제공받은 셈이지만 장상의 허가를 도약판으로 하여 제로 상태에서 출발하지 않으면 안 되었다.

한 사람의 수사와 한 사람의 지원자가 신부를 도왔다. 그를 돕던 알베르토 올샤코프스키 수사는 문자 그대로 과로 때문에 쓰러졌다. 막시밀리안 신부는 그를 하늘의 원군 중에 넣어 여러번 그의 조력을 구했다.

신부가 이동됐을 무렵 그로드노의 수도원은 극도의 쇠퇴에 달해 있었다. 다행히 신부는 자유롭게 행동할 수가 있었지만, 이곳에 귀양와 있는 늙은 수사들로부터는 지지나 이해를 받을 수 없었다. 다만 선량한 포르돈 신부만은 차차 신부의 사업에 한편이 되어 마침내는 귀중한 조력자가 되었다. 불행히 이 신부도 결핵에 걸려 있었기 때문에 가장 확실히 활동하기 위해 '천국의 원군'에 가입하기에 이르렀다.

수도원은 아주 넓어 이 작은 잡지 일을 위해서도 세 칸의 방을 쉽게 제공받을 수 있었다. 첫째 방은 사무실, 둘째 방은 인쇄실, 셋째 방은 방송실로 충당했다. 편집은 막시밀리안 신부의 방에서 했으므로 책상 위에는 신문 잡지들이 어지럽게 흩어져 있었다. 책꽂이도 책장도 없었기 때문이다.

1백 달러로 사들인 인쇄기는 수동식의 구형으로 늙은 '할머니' 같았다. 그 무렵 잡지의 발행 부수는 5천부였지만 이것을 인쇄하기 위해 6만회 이상 회전시키지 않으면 안 되었다. 전원 아침부터 저녁까지 또 저녁부터 아침까지 일해야 되었다.

그것도 장시간 몸을 구부리고 있지 않으면 안 되었으므로 건강에 아주 좋지 못했다. 이때의 젊은 수사들의 추억담을 들어보면 때때로 "피로의 극에 달하여 1분이 한 시간처럼 생각되었다."고 한다.

막시밀리안 신부도 다른 사람처럼, 다른 사람 이상으로 노동을 했다. 성무일도도, 수도원의 다른 의무도 전연 면제받지 못했다. 다른 신부들처럼 번번이 몇 시간씩이나 고백을 듣고, 다른 모든 의무를 정확히 해야 했으므로 잡지 일은 나머지 시간에 해야만 했던 것이다. 또 여러 차례 멀리 외딴 병자를 찾아가라는 명령을 받고 덜컥거리는 역마차 위에서 몇 킬로미터나 되는 길을 흔들리며 갔다가는 밤에야 지쳐서 돌아왔다.

게다가 수사들은 수도원의 중노동을 마친 후가 아니면 인쇄에 종사할 권리가 없었다. 그들은 청소를 하고 장작을 쪼개고 신부들의 방에서 가정부의 일을 해야만 했다.

이 무렵의 식사는 아주 부족했다. 수도원의 금고는 여러번 텅 비게 되었다. 그러나 아무리 필요하다고 생각될 때에도 원죄 없으신 성모의 금고에서 식료품을 살 돈을 끄집어 내는 일은 하지 않았다. 잡지로 올린 수익은 다만 한 가지 용도에만 사용됐다. 부수를 늘리고 기계를 정비할 뿐 일하는 사람들을 위해 별도의 예산을 세운 적이 결코 없었다.

그렇지만 막시밀리안 신부가 급료의 지불을 주저하고 다만 능률만 생각하는 무자비한 고용주였다고는 생각하지 않는다. 오히려 신부가 수사들의 열띤 마음을 눌러야만 했다. 이 수사들은 거룩한 열정에 몰려 자신들을 부려 줄 것을 간절히 원했던 것이다. 그들은 또 "성모 마리아에 대한 사랑을 위해 몸을 바치기를 원하고 있다."는 것이다.

그 사업의 기적적인 발단을 보더라도 신부가 훌륭한 지도자였음을 수긍할 수 있다. 신부는 모범을 보임으로써만 설교를 한 셈인데 그것으로 충분했던 것이다. 영웅적 행위는 쉽게 전염된다. 다만 그 첫걸음이 때때로 어려울 뿐이다. 이 보잘것 없는 편집 위원회는 오랜 기간 동안 거의 느끼지 못하면서도 영웅적 분위기 속에서 살아왔던 것이다.

그 속에 또 한 사람의 수사가 참가했다. 이 수사는 남몰래 불안한 마음을 품고 있었다. 관구장이 그를 이동시킬 때 "당신은 전대미문의 말썽쟁이라 아무와도 같이 일할 수 없습니다."라고 선언했기 때문이다. 그렇지만 앞서 밝힌 감동적 추억담을 이야기해 준 이는 바로 이 가브리엘 수사였다.

5천부의 잡지는 즉각 팔렸지만 자금 부족 현상은 계속 변하지 않았고 수입은 빈약했다. 그러나 그런 것은 문제가 아니었다. 다만 노력이 문제였다. 이 작은 그룹은 다만 한 가지의 대망밖에 갖고 있지 않았다. 발행 부수를 늘리는 일이 그것이었다.

  몇 개월 동안 주문이 쇄도하면 수사들은 편집계의 신부에게 대표자를 보내어 조금 더 일할 수 있도록 허락해 주시기를 청하는 것이었다. 신부는 감격에 넘쳐 눈물을 흘리면서 부드럽게 달랜 후 부수를 늘릴 허가를 청하기 위해 관구장에게 편지를 썼다. 수사 중 한 사람은 기뻐 날뛰며 이 편지를 가지고 우체통으로 달렸다. 그리고는 3일 후 신부는 모두들에게 "자, 여러분 해봅시다." 하며 부수 증가의 허가를 선언하는 것이었다.

  필요한 수면 시간이 다시 몇 시간 감해지고, 저녁에는 등뼈의 고통이 더 심해졌으며, 잡지 발송 후는 손가락 끝에 핏방울이 스며나오는 일이 늘어갔다.

  막시밀리안 신부는 노동자처럼 장시간에 걸쳐 기계의 페달을 밟고 기계 바퀴를 돌릴 뿐 아니라 거의 모든 기사를 혼자서 마감 시간—다시 말하면 밤중에 조급하게 써내지 않으면 안 되었다. 때로는 인쇄하고 있는 옆에서 원고를 쓰지 않으면 안 되기도 했다. 협력자는 거의 없었고 있다 해도 별수 없었다. 따라서 이 잡지의 성공은 오로지 신부 혼자의 공이었다고 할 수 있다.

  되풀이해 말하지만 신부는 현대풍의 잡지 기자의 소질은 조금도 갖추고 있지 않았다. 신부의 글에서 눈에 띄는 것은 그 논리성과 단순성뿐이었다. 신부는 주장하는 바를 최후까지 밀고 나가서 독자를 굴복시키고 질리게 하였다.

  그러나 신부가 성공하는 비결은 타오르는 내심의 불꽃이요, 원죄 없으신 성모에 대한 말로 표현할 수 없는 사랑이었다. 사랑하는 사람들은 어떤 때에는 모두 시인이 된다. 성모에 대해 말할 때 신부는 자신도 모르게 감동에 떨리는 말, 불과 같은 말을 찾아내는 것이었다.

사실 불황으로 인해 대잡지가 망해가던 시대에 「원죄 없으신 성모의 기사」만은 매월 발행 부수를 늘리고 있었다. 불쌍한 것은 수사들이었다. 아무리 있는 힘을 다 해도 주문에 응할 수 없었다. 열심한 독자는 묵은 잡지라도 좋으니까 보내 달라고 청했다. 그것도 품절이면 이번엔 "보관용이라도 빌려 주시면 복사 후에 돌려 보내겠습니다."라고 간청하는 형편이었다.

독자의 대부분은 지극히 소박한 사람들이었다. 막시밀리안 신부는 대학생을 위해 글을 쓴 게 아니라 대중을 위해 썼다. 2개의 학위를 가지고 있고, 교수들로부터는 학자가 될 사람으로 간주되었던 이 젊은 수도자는 대중의 요구에 훌륭히 순응했다. 근사하면서도 알기 쉬운 글을 썼다.

대화 형식으로 된 신부의 호교 소론은 이런 글의 전형이라 할 만하다. 요컨대 원죄 없으신 성모의 기사는 박력있는 방법으로 교의를 가르치고 가톨릭 교리를 기억하게 했으며, 폴란드 인 마음에 성모 마리아에 대한 아주 친밀한 신심을 깊게 하고, '기사회'의 목적이고 존재 이유인 '원죄 없으신 성모께 대한 전면적 봉헌'을 준비시키고 있었던 것이다.

끊임없이 성장하고만 있던 이 잡지의 경제적 기반은 도대체 무엇이었을까? 나는 주저하지 않고 대답한다. "먼저 하느님의 나라를 구하라, 그 밖의 것은 곁들여 주시리라."는 말씀을 믿는 마음, 두려움 없는 신뢰심, 그것이다. 성인이란 결국 하느님께 도전하는 사람이다. "주여, 당신은 이렇게 말씀하셨습니다. 나는 분부대로 따르겠습니다.

반드시 그대로 실행해 주셔야 합니다."라고 말하는 사람이다.
　처음 그들은 원하는 사람에게 무료로 잡지를 보냈다. 이런 무료 구독자가 적지 않았음은 쉽게 상상할 수 있다. 수사들은 때때로 이에 불만을 말했지만 막시밀리안 신부는 이런 양식의 '선전'을 그만두려 하지 않았다. 신부는 독자들을 절대적으로 신뢰하는 대신 그들의 양심에 호소하는 것을 잊지 않았다. 예컨대 신부는 다음과 같이 쓰곤 했던 것이다.
　"우리들은 희생이 좀 되더라도 원죄 없으신 성모의 사업에 아무것도 바칠 수 없는 사람에게 본지를 무료로 드립니다."
　계획은 들어맞아 감동적인 편지가 날아 들어오기 시작했다. 거기에는 "나는 담배를 끊고 그 돈으로 나의 구독료와 비신자인 이웃의 구독료를 마련합니다." 혹은 "나는 장엄미사 후 술집에 가는 습관이 있었지만 이제부터 가지 않겠습니다. 그리고 적지만 이것을 원죄 없으신 성모님께 헌금으로 바치겠습니다." 또는 "나는 치마를 사지 않고 그 돈을 보냅니다. 무료 구독자를 몇 사람 받아 주실 수 있도록 하기 위해서입니다." 등등으로 씌어져 있었다.
　막시밀리안 신부는 본능적으로 핵심을 찌른 것이다. 폴란드 사람들에게는 깊은 자비심이 있지만 이것을 움직이기 위해서는 그들을 신뢰해 줄 필요가 있다.
　노동자들이나 서민들은 원죄 없으신 성모의 영광을 위해 극히 심한 노동에 투신하고 있는 노동 수사들 속에서 자신의 모습을 다시 보게 된다. 막시밀리안 신부는 수사들이 잡지를 발행하기 위해 기계 옆에서 수도복을 입은 채 일하고 있는 사진을 넣은 르포르타주 형식의 팜플렛을 간행하려고 마음먹었다. 이것은 분명 하나의 혁명이었다. 그

때까지 일반인은 수도자란 종일 기도만 하고 노동 생활과는 전연 관계 없는 사람들이라고 생각하고 있었다.
 이 팜플렛을 본 지원자들이 모여와서 막시밀리안 신부와 함께 일하게 되지 않으면 입회하지 않겠다고 말했다. 사정이 미묘하게 되어 갔다. 새로운 술이 낡은 부대, 즉 수도원의 낡은 습관과 폐습을 깨뜨릴 염려가 있었다. 막시밀리안 신부는 미래의 수도 생활 형식, 현대의 사도적 활동에 훌륭히 들어맞는 형식을 발견하고 있었다. '노동 세계에서의 노동 수사'가 그것이다.
 다행히 장상들은 미래를 투시하지 못했다. 만약 투시했다면 반드시 공포에 사로잡혔을 것이 분명했다. 신부가 뿌린 겨자씨가 서서히, 그러나 늠름하게 성장하고 있음은 사실이 이것을 증명하고 있었던 것으로 어느 누구도 이것을 부인할 수 없었다.
 장상들은 "미치광이 같은 막시밀리안 신부와 함께 일하게 되지 않으면 입회하지 않겠다고 말하며 입회를 지원하는 사람들을 거절할 권리가 우리에게 있을까?"라고 걱정하면서 머리를 짜내고 있었다. 그들도 나쁜 수도자가 아니었으므로 성소에 반대하는 것이 죄악임을 알고 있었던 것이다. 그렇다 하더라도 신부가 조용히만 있어 준다면, 어떻게 구제될 길이 있을지 모른다.
 그렇지만 그는 "나는 당신의 모든 희망을 맹목적으로 실행합니다. 왜냐 하면 그것은 원죄 없으신 성모님의 뜻을 나타내는 것이기 때문입니다."라고 쓰고 있는 것이다. 정말 귀찮은 사람이었다. 그가 말한 것에 반대하려고 한다면 못 할 것도 없다. 그러나 원죄 없으신 성모의 계획을 방해하려고 하는 괘씸한 생각을 품을 수는 없지 않겠는가?
 그래서 장상들은 '어쨌든 당분간 하는 대로 버려 두자. 곧 어떻게 되겠지.'라고 생각했다. 그렇지만 '곧'이라 말하고 있는 중에 사정은 손댈 수 없게 되어 가는 것이다. 7백명의 수사를 포용하는 원죄 없으신 성모의 마을을 손바닥 뒤집듯이 해산시킬 수는 없다. 거의 1백만부에 이르는 잡지를 문지기 수사처럼 복종시킬 수는 없다.

뒷날 신부들은, 특히 막시밀리안 신부를 믿지 않았던 신부들도 이 몽상가의 사업을 완전히 이해하게 되었다. 게다가 그의 사업은 어떤 최신식의 기업과 비교해도 뒤지지 않고 또 사랑에 불타고 있었으며, 신부는 완전한 노동자요 수도복을 입은 수련공인 동시에 하느님께의 헌신을 완전히 생활화하고 있었던 것이다. 이보다 놀랄 일이, 전대미문의 일이, 현대적인 일이 있을 수 있겠는가?

당시 폴란드에는 봉건주의가 여전히 남아 있어서 수사 신부와 노동 수사와의 사이에는 높은 담이 있었다. 노동 수사는 하층 계급을 대표하여 중노동을 했으며 개별적인 생활은 영위할 수 없었다. 그러나 성 프란치스코의 생각은 처음부터 이와 달랐다. 성인 자신이 일개 평수사가 아니었던가?

막시밀리안 신부는 옛날로 거슬러 올라감에 따라 포베렐로의 사업과 생각이 놀랄 만큼 현대에 적합함을 알아냈던 것이다. 계급의 차를 말살하는 것이 포베렐로의 사업과 생각의 밑바탕이 아니었을까? 노동 계급의 지위 향상이 엄연한 사실인 오늘날, 이 일에 올바른 지도를 행하는 것이 급선무가 아니겠는가? 왜냐 하면 '참된 진보는 정신적인 것이어야지 그렇지 않으면 진보라고 말할 수 없기' 때문이다.

막시밀리안 신부는 결코 진보에 인색한 사람은 아니었다. 그는 현대인에게서도 충분히 찾아볼 수 없는 현대적 감각을 갖고 있었다. 그는 또 원죄 없으신 성모님께 온몸을 바친 참된 노동자요 참된 사도인 노동 수사야말로 이제 생겨나고 있는 노동 세계에서 위대한 사명을 완수할 수 있음을 알고 있었다.

그리고 두 개의 종교, 두 개의 신비주의 — 곧 그리스도의 그것과 새로운 프로메테우스의 그것이 맹렬하게 싸워 이 세계를 서로 빼앗으려 함을 알고 있었다. 막시밀리안 신부가 천국으로부터 모집한 원죄 없으신 성모의 기사들은 아마도 언젠가 이 싸움에서 최후의 승리를 얻게 될 것이 틀림없다. 당신 홀로 모든 이단을 멸망시키셨다. 성모님은 모든 이단을 멸망시키신 것이 아닌가?

신부는 확실히 비할 데 없이 훌륭한 교육자였다. 그의 천재적인 두뇌는 경화증에 걸려 있는 수도원 생활의 제약을 파괴해 버렸다. 노동 수사를 제일선의 지위로 승진시킨 것이다. 이 지위는 그때까지 수사 신부들에게만 주어져 있었지만, 원죄 없으신 성모께 자신을 전면적이고도 무제한하게 봉헌한 노동 수사도 이 일을 맡기에 적합하다고 생각했던 것이다.

막시밀리안 신부는 그렇게 함으로써 출발점으로 되돌아가 창립자의 명백한 의지에 따랐을 뿐이다. 성 프란치스코는 그 민주적인 사상을 가지고 그 시대로서는 일대 혁명을 성취시켰던 것이다.

막시밀리안 신부는 여러 가지 점에서 포베렐로와 흡사했다. 청빈에 대한 열렬한 사랑, 영웅적인 순종, 순교에 대한 동경 및 특히 그 한없이 넘쳐 흐르는 애덕 등이 그것이다. 신부가 모든 사람의 마음을 휘어잡을 수 있었던 것은 이 애덕 덕분이다.

신부는 얼마나 깊은 사랑을 그 어린 양인 수사들 위에 쏟았던가! 지금 필자의 눈 앞에는 수사들에게 눌러싸인 신부의 사진이 몇 장 있는데, 수사들은 마치 병아리가 암탉 주위에 몰리듯이 신부의 곁에 몰려들어 신부의 말에 귀를 기울이며 문자 그대로 한 마디 한 마디를 들이마시고 있다.

 신부는 수사들에 대해서 극히 자애로운 배려를 베풀었다. 항상 바빴음에도 불구하고 세심증으로 괴로워하고 있던 어떤 수사에게 거의 매일 여섯 장에 달하는 긴 편지를 썼다. 어떤 시간에도, 야간에도 신부의 방문을 두드려 가르침을 청할 수 있었다. 신부는 얼마나 깊은 사랑을 가지고 '그 길 잃은 양, 그 탕자'를 맞이했던 것인가?

 수도 지원자가 쇄도했던 것도 놀랄 일은 아니다. 그러나 신부는 아무 노동자나 원죄 없으신 성모께 대한 봉사자로 채용했던 게 아니라 지원자를 엄선하여 전문 기술자라도 의향이 순수하지 않다고 인정되는 경우에는 제명시켰다. 신부는 '전부가 아니면 무' — 실무율을 모토로 하여 어중간한 사람은 받아들이지 않았던 것이다.

 그런데 그로드노의 늙은 신부들은 그에게 불평이 많았다. 단순한 노동 수사에게 그런 중요한 임무를 준 예가 있었던가? 노동 수사를 다른 수도자와 동등하게 대접해서 그들에게 책임을 맡긴 예가 있었던가? 천지가 개벽을 한다 해도 그럴 수는 없었다. 각 사람은 자기 분수를 지켜야 한다. 그런데 그렇게 많은 지원자를 모아서 도대체 어떻게 하겠다는 것인가?

 수사 신부와 노동 수사와의 사이에 어느 정도의 균형을 유지하는 것이 현명한 방법이다. 노동 수사를 입회시키는 것도 좋지만 막시밀리안 신부여, 만약 파산이라도 한다면 어쩔 셈인가? 그들이 늙어서 일할 수 없게 되면 어떻게 하려고 하는가? 그들이 차차 세상을 떠나게 되면 우리들은 그들을 위해 미사를 올려 줘야 하지 않는가(원문대로 인용)? 차라리 일반 노동자를 고용하는 게 더 좋지 않을까?

이런 반론에 대해 막시밀리안 신부의 답은 항상 같았다. 원죄 없으신 성모를 위해 일하기에 적당한 사람이 되려면 하느님께 자신을 봉헌해야 한다는 것이다. 신부는 아무래도 좋은 그런 사람들의 손에 잡지를 맡기느니보다 차라리 폐간시키는 쪽이 낫다고 생각했다.

현대 세계의 사도적 활동을 위해서는 확실히 현대적 무기가 필요하다. 그러나 영성의 수위성을 지킬 것을 그 조건으로 한다. 원죄 없으신 성모의 사업이 단순한 장사가 되어서는 안 된다. 여러 가지 기술을 도입하여 시대에 맞는 완전한 기업이 되어야 하지만 그 이상의 것이 필요했던 것이다.

요컨대 막시밀리안 신부가 청빈하게, 단순하게, 겸손하게 행하고 있는 것 — 아니 그 보호자이신 성모님이 이렇듯 유순한 도구를 써서 이룩하시는 것 — 은 오늘과 내일의 노동 세계를 봉헌하여 노동자의 영적 지위를 향상시키는 일이다.

인류는 군대처럼 진군한다. 앞에는 우수하고 강한 군인이 서고 그 뒤에 대중인 밀집 부대가 이어진다. 그리고 영성의 고지가 평원의 형세를 결정하게 된다. 수도 성소와 수도원 존재의 사회적 이유는 수도원이 영성의 고지가 된다는 위대한 임무를 다하는 데 있다.

시대의 변천과 병행하여 태어나는 사회의 형태는 각각 별개의 봉헌을 필요로 하고 별개의 영적 전위 부대를 필요로 한다. 어떤 시대에는 반(半)야만적이고 반(半)이단적인 기사도의 형태가 압박받는 자와 죄 없는 자의 보호자이신 그리스도의 이상적 기사상과 대립된 적이 있었다. 그렇지만 현시대는 기술의 진보에 도취되어 있는 인간에게 새로운 무술연(武術宴)을 베풀어 주고 있다. 현대의 기사란 진보의 절정에 있는 노동자이다. 그렇지만 이 기사는 위대한 장점을 지니고 있는 동시에 커다란 결점을 갖고 있다.

이런 기사를 그대로 그리스도께 데려가는 것만으로 충분할까? 거짓 없는 참된 노동자로서 하느님께 봉헌된 사람들에 의해 조직된 새로운 수도회가 그 모범이 되고 도약대가 될 수는 없을까? 노동 생활을 완전히 영위하면서 완전한 봉헌에 의해 매순간의 노동을 승화시키는 사람이 필요하지 않을까? 기계를 영광의 찬미로 바꾸는 방법은 없을까?

하느님은 몸소 사람이 되심으로써 그 시대에 순종하셨다. 따라서 가장 신적인 사업도 진보의 법칙에 따라 이뤄지는 것이다. 그로드노의 막시밀리안 신부는 지도자이신 성모께서 내려주시는 희미한 빛을 받아 암중모색하듯 그 사업의 존재 이유를 서서히 발견해 갔다.

젊은 수사들은 완전한 기쁨 속에서 일했다. 모든 게 부족하고 생활필수품조차 모자랐으나 그들은 행복했다. 신부는 때때로 바르샤바로 가서 선물을 사오곤 했는데 선물이라 해도 그들을 위한 것은 아니다. 그 선물이란 것은 항상 작업에 필요한 물건일 뿐이다.

"우리들은 어린애들처럼 달려가 신부를 맞이하고 환성을 올리면서 신부가 가지고 온 것을 받아 쥐었습니다. 알베르토 수사는 몇 킬로그램이나 되는 활자와 잉크 상자, 요아킴 수사는 몇 개의 공목(空木)과 놋쇠 철사, 경리 담당 수사는 몇 개의 종이뭉치를 받아 쥐는 것입니다."

막시밀리안 신부는 절대로 역마차를 이용하지 않았다. 역은 수도원에서 4킬로미터나 떨어진 곳에 있었지만 신부는 그 '선물'을 등에 지고 돌아왔다. 어떤 겨울날 신부는 빙판 위에서 짐을 진 채 넘어졌는데 수도원에 돌아오자 크게 기뻐하며 "넘어지긴 했지만 다행히 상자는 하나도 다치지 않았지."하며 외쳤다.

수사들은 아주 가난했다. 장화(폴란드에서는 필수품이다.)도 외투도 공용이었다. 완전한 양복 한 벌을 갖추고 있는 사람은 아무도 없었다. 그래서 외출할 때는 서로 빌려 주곤 했다. 알베르토 수사는 멜키오르 신부의 작업복을 사용하였고, 가브리엘 수사는 파스칼 수사의 너절한 옷 상자를 헤쳐 그 외투를 빌려 입었는데 오히려 옷 주인보다 더 자주 이 옷을 입었다.

막시밀리안 신부는 다행히 제노 수사와 칫수가 같아 항상 제노 수사에게 자기 장화를 신게 하고 바르샤바에 갈 때에만 도로 받았다. 다만 신부의 낡은 외투만은 주인이 바뀌지 않았는데 그 이유는 간단했다. 신부는 밤에 잘 때 쓸 담요를 갖고 있지 않아 이 외투를 담요 대신에 쓰고 있었기 때문이다.

1925년 성년(聖年)을 맞아 성모의 수사들은 미친 수작으로밖에 생각되지 않는 새로운 노력을 하기로 결심했다. 원죄 없으신 성모를 찬미하는 60페이지 정도의 특별한 달력을, 그것도 1만 2천 부씩이나 인쇄하기로 한 것이다. 이 때문에 그들은 3개월간 모든 휴식을 폐지하고 수면까지도 희생하면서 죄수처럼 일하지 않으면 안 되었다.

편집실에서 신부가 원고 쓰기를 그치자마자 인쇄 담당 수사는 빼앗듯이 해서 이것들을 조판한다. 그러면 편집자인 신부는 일을 바꾸어 작업복을 걸치고 예의 기계 바퀴를 돌리거나 고집 센 낡은 기계의 불쌍한 페달을 밟는다. 밤이면 어린 수사들을 침실로 보내고 자신은 알베르토 수사와 함께 낮 동안의 일을 정리했는데 때로는 그 때문에 몇 시간을 보내기도 했다.

어느 날 밤 석유 램프를 켜서 손에 들고 교정을 보고 있었는데 돌연 램프가 커다란 소리를 내며 떨어져 깜짝 놀라 졸던 눈을 뜬 적도 있었다. 또 어느 날 아침 신부는 이마에 커다란 혹을 달고 나타나 웃으면서 눈이 휘둥그래진 수사들에게 지난 밤 성무일도를 드리다가 잠들어 버렸다고 설명한 일도 있었다.

이렇게 해서 완성된 달력은 광고의 규칙에 조금도 들어맞지 않았다. 편집은 처음부터 결점투성이어서 편집자도 그것을 인정했다. 정가도 붙어 있지 않고 다만 "친애하는 독자 여러분, 이 달력이 원죄 없으신 성모님께 대한 사랑을, 자그마한 불티같은 사랑일지라도 불붙일 수 있다고 생각되신다면 부디 여러분 주위의 사람들에게 선전해 주십시오."라고만 적혀 있었다.

그런데 이 달력은 대성공을 거두어 전혀 예기치 못했던 수익을 가져왔다. 이 성년은 막시밀리안 신부의 사업에 한 전환점을 이룬 해라고 생각할 수 있다. 니에포칼라누프의 기록에는 '장미의 비'라고 씌어져 있다. 옳은 이야기다. 막시밀리안 신부는 저 칼멜 수녀의 시성을 위해 오래 전부터 기도해 오지 않았던가? 사랑스러운 기적의 성녀 소화 데레사가 감사를 표시한 것이리라. 1925년에는 수사의 수도, 잡지의 발행 부수도 배로 늘었던 것이다.

사업이 확대됨에 따라서 종래의 제약이 깨뜨려졌다. 이것을 보고 늙은 신부들이 낭패한 것도 무리는 아니다. 다행히 관구장이 시찰차 방문하여 잡지의 경이적인 발전을 보고 축복하면서, 자신도 원죄 없으신 성모의 기사회에 가입 신청을 함과 동시에 이미 사업의 협력자로 되어 있던 착한 포르돈 원장 신부에게 수도원 시설의 일부를 인쇄부에 제공하라고 지시했다.

관구장이 떠나자 반대 의견이 머리를 들었다. 이 계획을 방해하려는 것이다. 어린 수사들은 놀라서 어리둥절해 했다. 어떻게 하면 좋을까? 그 중의 한 사람이 묘안을 생각해 냈다. "우리는 이미 허가를 얻었으므로 순명 정신에 어긋남이 없다. 선수를 치면 신부들도 기정 사실 앞에서는 어쩌지 못할 게 틀림 없다."라고 한 것이다.

그래서 일동은 지체하지 않고 즉각 실행에 착수했다. 그들은 남몰래 밤중에 일어나 그들에게 제공된 낡은 식당에 발소리를 죽이고 몰래 들어가서 저마다 곡괭이와 도끼를 휘둘러 불필요한 벽을 허물고 부뚜막을 파괴해 버렸다. 이런 대소동에도 불구하고 신부들이 잠을 깨지 않은 것은 정말 다행이었다. 수도원에 얼마나 큰 변화가 오고 있는지 상상도 못했던 것이다. 그러나 다음 날 아침 평소처럼 아침 식사를 준비하기 위해 들어온 요리 담당 수사는 '시커멓게 마귀 같은 모습을 한 수사들이 그을음과 먼지가 뭉게뭉게 올라가는 속에서 우왕좌왕하는 것을 보고' 기절할 만큼 놀랐다.

힐문을 당한 수사들은 천연덕스럽게 '시간을 아끼려고'라고 답했다. 필요한 허가를 받은 이상 하루라도 빨리 이 장소를 점유하는 게 좋지 않은가 말이다. 이 사건은 결정적으로 고참 수사들의 반감을 불러일으켰다. "그들은 우리를 미치광이로 취급했습니다. 그러나 보속과 겸손의 정신을 가지고 이것을 견뎌 나갔습니다."라고 당시의 기록은 말하고 있다.

그 후 막시밀리안 신부가 가만히만 있었다면 그래도 반감은 덜 샀으리라. 그러나 그렇지 않았다. 끝내 손에 넣은 넓은 식당에 새로운 기계를 옮겨 놓은 것이다. 신부가 이 기계를 살 돈을 어디서 마련했는지 아무도 모른다. 다만 어느 날 아침 요술처럼, 거대한 화물이 그로드노 역에 도착한 것을 알고 있을 뿐이다.

이 기계는 센세이션을 불러일으켰다. 그때까지 이것만큼 완전하고 복잡한 기계를 그들은 본 적이 없었다. 처음에는 어떻게 할 바를 몰라 쩔쩔맸다. 어떤 때는 모터가 계속 움직이면서 그치려고 하지 않아 그 중 한 사람은 "소기관총처럼 불을 토하기 시작했다."고 할 만큼 공포에 떨기도 했다. 항상 솜씨 좋던 편집장 신부도 어쩔 줄을 몰랐다. 기계는 여기 있지만 어떻게 다루어야 한단 말인가?

그런데 우연히 그 방면에 전문가인 기사가 나타나 원죄 없으신 성모의 단체에 입회를 원했다. 프란치스코 살레시오 수사의 숙련된 손이 닿자 그렇게 다루기 힘들던 기계도 어린 양처럼 되어 롤러 위를 미끄러지듯 회전하기 시작했다.

디젤 발동기를 구입한 데는 정말 아름다운 에피소드가 있다. 막시밀리안 신부는 제노 수사를 데리고 그 기계의 소유자인 보로프스키 씨를 찾아갔다. 가는 도중에는 항상 그랬듯이 성모송을 계속 외었다. 그곳에 도착하자 발동기 위에 작은 성모상이 있는 것을 보았다. 막시밀리안 신부는 동행에게 속삭였다.

"이 발동기는 우리들의 것입니다. 저것을 보시오!"

꽤 오랫동안 의논한 끝에 35퍼센트의 할인을 받아 매매가 성립되었다. 친절한 보로프스키 씨는 몸소 발동기를 새 인쇄실로 옮겨 주었다. 그때 그는 어떤 수사에게 절대 비밀이라면서, 자기는 이십 년 동안 고해 성사를 받은 적이 없다는 말을 했다. 이야기는 이 수사로부터 비밀이라는 말과 함께 다른 수사의 귀에 들어가고 얼마 후 이 슬픈 소식이 수도원 전체에 퍼지고 말았다.

무슨 방법이 없을까? 보로프스키 씨는 고해 이야기 같은 건 귀에

담으려고도 하지 않았다. 막시밀리안 신부는 "여러분 기도하십시오. 기도는 무슨 일이든 다 이루어지게 합니다."라고 말했다.

어느 날 저녁 수사들은 이 '친애하는 냉담자'에게 함께 교회에 가자고 권했다. 당황한 그는 "나는 교회에 가 본 일이 없습니다." 하며 거절했다.

"염려 마십시오. 언젠가는 교회에 나가게 되지 않겠습니까? 그리고 아무도 당신을 쳐다보지 않습니다. 우리와 같이 제대 뒤 성가대 자리에 있으면 되지 않습니까?"

이렇게 타일러서 그는 겨우 결심이 섰다. 그런데 다행인지 불행인지 그 사람은 잘못하여 격자창이 붙은 고해소에 꿇어앉게 되었다. 옆으로 지나가던 막시밀리안 신부는 그가 고해하러 온 줄로만 생각하고 아주 기뻐하며 영대를 걸고 격자창 뒤 의자에 앉아 물었다.

"고해한 지 얼마 되었습니까?"

수도원의 기록은 다음과 같이 보고하고 있다.

「친애하는 보로프스키 씨는 쉽사리 올가미에 걸리고 말았다. 매우 오랜 시간에 걸쳐 고해하고 사죄받은 후 눈이 빨갛게 되어 일어섰다. 그리고 나서 성당 안에서 시간이 흐르는 것도 모르고 그는 계속 기도했다.」

"어린 양들이여, 보시오. 성모님은 당신께 드린 봉사를 이렇게 되갚지 않으십니까?"

막시밀리안 신부는 얼굴을 환히 펴며 이렇게 말하는 것이었다.

성모의 기사들도 이제부터 새로운 체제 속에서 얼마간의 평온을 즐길 수 있으리라고 생각하는 사람이 있을지 모른다. 그렇지만 결코 그렇지 않다. 원죄 없으신 분의 방식은 특이하다. 발전은 계속되었지만 그것은 십자가에 의해, 시련에 비례하여 이룩되는 것이다. 지금도 많은 시련들이 우박처럼 그로드노의 출판부를 습격하는 것이다.

첫째로 막시밀리안 신부는 병이 재발하여 중태에 빠지게 되었다. 신부는 즉각 자코파네로 가서 1년 반 동안 거기 머물렀다. 친동생 알퐁소 신부가 그 대리로 임명되어 막시밀리안 신부의 방침을 충실히 따르려고 노력했지만 능력과 천품이 부족했다. 그러나 그는 부족한 천품을 겸손에 의해 보충했다. 그는 막시밀리안 신부의 가장 충실한 협력자가 되려 했으나 이제는 혼자서 모든 일을 처리해 나가야 했다. 막시밀리안 신부는 "결코 출판 일을 생각해서는 안 된다."라는 의사의 선언을 받았기 때문이었다.

신부는 문자 그대로 순진하게, 영웅적으로 순종했다. 얼마 후 기사회의 고참자였던 알베르토 올샤코프스키 수사가 이 세상을 떠나 하늘의 원군은 증가되었다.

이런 타격에 의해 폐간되든지 또는 적어도 발전을 방해받을 게 틀림없다고 생각되던 그 푸른 표지의 작은 잡지는 오히려 더욱 많이 팔리고 발행 부수도 비약적으로 증가하여 인간적인 예상을 완전히 뒤집어 버렸다.

편집자인 신부는 자코파네에서 침착하게 환자의 본분을 다하고 있었다. 고통 속에서 기도로 시간을 보냈다. 신부는 알퐁소 신부에게 다음과 같은 편지를 보냈다.

「때때로 걱정의 유혹이 일 때면 즉시 '어리석은 자야, 왜 걱정하느냐? 이것이 네가 할 일인 줄 아느냐? 모든 일을 배려해 주시는 분은 성모님이 아니냐? 그러니 성모님께서 이끄시는 대로 맡겨 버려라.'고 내 자신에게 타이른다.」

위대한 화가와 화필

니에포칼라누프 창설

 모든 고통을 초월하고 감각도 없는 일종의 초인과 같은 사람, 막시밀리안 신부를 그런 사람으로 바라보아서는 안 된다. 성인들이란 우리처럼, 아니 우리 이상으로 괴로움을 받는 법이다. 왜냐 하면 그들은 민감한 감수성을 타고나 작은 일에도 예민하기 때문이다. 고통의 본질은 겉으로 보아 부조리하게 보이고 아무짝에도 쓸모 없는 것처럼 생각된다. 고통은 죽음의 예보요, 죽음처럼 자연에 상반된 것이다. 따라서 십자가는 세상 종말에 이르기까지 변함 없이 '걸림돌'이 될 것이다.

 성인들은 고통에서 도피하려고도 하지 않고 이것을 제압하려고도 하지 않는다. 다만 이것을 포옹할 뿐이다. 신앙의 어두운 밤, 그 깨닫기 힘든 신비의 한가운데에서도 그렇다. 땅에 떨어져 죽는 씨앗은 미래의 수확을 알지 못한다. 그렇지 않다면 무슨 가치가 있겠는가? 썩은 씨앗은 땅 속에 파묻힌다. 태양이 이것에 작용한다. 그래도 이 씨앗은 아무것도 모른다. 그러나 언젠가 빛나는 발아를 이룰 날이 올 것임에 틀림없다.

자코파네에서의 두 번째 체류는 막시밀리안 신부의 생애에서 가장 괴로운 시련이었다. 신부는 자신이 폐물이 되고 무용한 존재가 되어 일선에서 돌려보내진 것처럼 생각했다.

의사들도 별로 희망을 갖고 있지 않았다. 신부는 그의 편지에서 가끔 죽음에 대해 언급했다.

"내가 없는 것이 사업을 위해 오히려 좋을지도 모릅니다."

신부는 남의 신세를 지고, 남의 방해자가 되는 것을 괴로워했을 것이다. 육체적인 괴로움에 정신적 고뇌가 보태졌다. 신부는 암흑에 싸여 아무것도 보이지 않고 알 수 없었으며 영혼의 끄트머리로써만 호흡할 뿐이었다. 이것은 정상적인 시련이긴 하지만 아무래도 괴로운 시련이었음에 틀림없다. 신부가 아우에게 보낸 편지에는 아무것도 말하지 않으려고 애쓰는 흔적이 역력했다.

전에는 마음에서 흘러 나오는 대로 기쁨에 가득 차서 말했지만, 이제는 다만 엄밀하게 기술적인 문제에 한해서만 이야기하고 물어온 데 대해서 답할 뿐, 자신의 영혼에 관해서는 한 마디도 비추지 않았다. 다만 드물게 자기의 희망에 대해 조심스런 암시를 주고 있을 뿐이다. 지금은 말의 때가 아니라 수확이 풍부한 침묵의 때이다. 성모 마리아는 그에게 라부프의 수련과는 다른 의미로 괴로운 수련을 받도록 해 주셨던 것이다. 뒤에 신부는 가끔 '불의 시련'에 대해 말했다. 신부와 같은 영혼은 봉사의 면에 있어서도 최고의 포기에까지 도달하지 않으면 그만두지 않았던 것이다.

그의 마음을 드러낸 편지 중에서 신부는 그로드노의 수련자에게 감격적인 은총에 지나치게 집착하지 말라고 주의를 주고 있다.

「여러분들은 암흑, 불안, 의혹, 공포, 때로는 아주 귀찮은 유혹, 육체의 고통을 각오함과 동시에 그보다도 훨씬 격심한 정신적 고통을 각오하지 않으면 안 됩니다.」

이 미친 듯 휘몰아치는 폭풍 속에서 신부가 생명의 밧줄로, 등대로, 유일한 희망으로 삼았던 것은 무엇인가? 항상 악을 이기시고 항상 광명 속에 계시는 성모 마리아가 바로 그 희망이시다. 지금은 그 희망을 완전무결하게 우러러 볼 수 없을지 모르나 오히려 그것이 더 낫다. 대가를 바라지 않고 주는 최대의 사랑을 입증할 때가 아닌가? 이때부터 신부의 편지와 저술에는 새로운 어조— 침통한 감정이 넘쳐 흘렀다. 그것은 마치 전면적인 자기 포기의 헌장과 같았다. 봉헌은 이렇게 시련의 어둔 밤에 완성되는 것이다. 신부는 이 편지를 다음과 같은 감동적인 부탁으로 끝맺고 있다.

「결코 자신에게 신뢰를 주지 마십시오. 내 몸에 유혹과 시련을 더하여 원죄 없으신 성모께 맡기십시오. 그러면 꼭 승리를 얻을 수 있을 것입니다. 성모님 없이 생활하는 것이 절대로 불가능하게 될 때까지 성모님을 열렬히 사랑하십시오.」

빈사의 신부가 다시 일어난 것은 확실히 인간의 의료의 덕택이 아니다. 신부는 이 점에 대해 항상 극히 조심스러웠지만 어느 날 오직 한 번 입 밖에 낸 적이 있었다.

"모든 수단이 무력하다는 것을 알고 절망적인 시선을 느끼며 장상으로부터 어떤 일에도 부적당하다고 느껴졌을 때, 원죄 없으신 성모님은 이 오물통 같은 가엾은 나의 잔해를 집어올려 주셨습니다. 성모님은 어떤 자리에도 설 수 없는 나를 잡으시어 신의 영광을 넓히기 위해 사용해 주셨습니다. 조잡스러운 붓을 가지고 명화를 그리는 대화가를 상상해 보십시오. 성모님이 바로 이 화가이고 붓은 나 자신입니다."

준비의 시기는 제법 오랫동안 계속되었다. 이후로 어떠한 성공도, 어떠한 정복도, 어떠한 승리도 신부를 오만하게 할 염려는 없다. 그는 쓸모 없는, 가련한 낡은 붓이었다. 그러나 이 붓은 위대한 화가의 손에 쥐어져 있는 것이다.

이러는 동안에도 그로드노의 잡지는 많은 예상을 뒤엎고 발전을 계속하여 발행 부수가 1924년 1만 2천부, 1925년 3만부, 1926년 4만 5천부로 뛰어 올랐다. 그로드노의 낡은 수도원은 부산하기 한량 없었다. 신부들은 불평했으나 심하게 다투는 일은 없었다. 성인들과 함께 사는 것이 항상 기분좋은 일만은 아니다. 막시밀리안 신부는 없지만 그 아우가 있다. 그는 피오레티의 선량한 레오 수사처럼 참으로 하느님의 양이었다. 그는 다만 한 가지의 대망밖에 지니지 않았다. 그것은 모든 면에서 막시밀리안 신부를 모방하는 것 — 곧 전진하는 것, 항상 전진하는 것이다.

늙은 신부들은 실제적이다. 포베렐로의 이상은 시대가 흐름에 따라 다소 퇴색되어 프란치스코회의 영웅적인 시대와는 그 취향을 달리하고 있었다. 늙은 신부들은 위험스런 일이나 지나치게 대담한 모험을 좋아하지 않는다. 그래서 그들은 "기회를 보아 사업의 확장을 정지하면 좋지 않을까?" "자본을 은행에 넣으면 수입이 생기므로 한가하게 사업을 계속할 수 있고 생활의 보탬도 되지 않겠나?"라고 말하는 것이었다.

　늙은 신부들은 저 분별 없는 인물의 꿈을 이해할 수 없었다. 되풀이해 말하지만 필자는 그들에 대해 관대하고 싶다. 성인은 죽은 뒤에야 시성될 수 있다. 그러나 생전의 성인들은 하느님의 도우심에 의해 연마될 필요가 있다. 그런데 '선인(善人)들', 동료 수사들로부터 오는 박해만큼 성인들에게 완전한 애덕을 닦게 하는 수단은 없다. "박해자는 박해함으로써 하느님께 영광을 드린다고 생각한다."는 말은 이미 그리스도께서 우리에게 들려 주신 바 있다.

　요컨대 이 박해는 아주 정상적인 것이었다. 어느 시대에도 하느님의 섭리는 성모의 단체에 다른 장소를 제공해 왔다. 그로드노는 육체에나 영혼에나 더욱 비좁은 곳이 되어 갔다. 일동은 이곳을 곧 떠나야만 했다. 그러나 그것은 하느님의 많은 사업에서 볼 수 있듯이 발전을 위한 위기에 불과한 것이다.

　막시밀리안 신부는 마음이 흔들리지 않았다. 원죄 없으신 성모의 사업은 영리 사업이 아니다.

　그는 자코파네에서 편지를 보냈다.

「우리들의 목적은 그리스도와 원죄 없으신 성모님을 위해 전세계와 모든 영혼을 하나도 남김없이 획득하는 것이지 결코 최근 우리 중의 신부 한 사람이 생각했듯이 저주스러운 수입을 위한 것이 아닙니다. '사업을 더 이상 확대하지 않는 게 좋다. 기계는 이것으로 충분하다. 이것만 있으면 수입은 생기지 않는가?'라는 사고 방식은 수단을 목적과 혼동하는 것입니다. 사실 수입이 생길는지 모릅니다. 그러나 그 사이 영혼은 파멸되고 악마는 그 정복을 확대해서 무신론적 출판물이 번창하게 되는 것입니다. 이것이야말로 바로 부르주아 같은 생각이 아니고 무엇입니까?」

평소에는 평정을 지니던 신부도 가만히 있지 않았다. 급소를 찔린 것이다. 포베렐로 이래 신부 이상으로 거룩한 청빈의 권리와 특권을 끈기와 열정을 가지고 옹호한 사람은 없다. 그러나 주의할 점은 그가 옹호한 것이 회칙의 법조문이 아니라 그 정신이라는 사실이다. 그의 청빈은 극히 현대적인 행동 양식을 갖고 있어 두 마디로 요약할 수 있다. '우리들을 위해서는 무(無), 하느님과 원죄 없으신 성모님을 위해서는 모든 것'이 그것이다. 우리를 위해서는 빈곤, 변변찮은 음식, 초라한 판잣집, 누더기 옷, 성모님을 위해서는 모범적인 공장, 최신식 기계, 여러 가지 현대적 기술의 산물, 가장 신속한 수송 수단.

신부는 인간 천재의 모든 만물을 성모 마리아께 바치고 가장 기술적인 일에도 하나의 혼, 열렬한 이상을 불어넣어 공장이나 기계, 아주 조심스럽고 복잡한 일까지도 성화시켜서 모든 도구를 영광의 찬미 속에 집어 넣으려고 생각했다.

물론 이런 이상은 회칙 조문 밖의 것이었으므로, 시야가 좁은 신부들이 몹시 꺼리는 바였다. 게다가 이를 이해 못한 사람은 그들뿐만이 아니었다. 어느 날 한 주교가 시찰하러 왔는데 그는 위력있는 윤전기를 가리키면서 막시밀리안 신부에게 말했다.

"만약 프란치스코 성인이 이 값비싼 기계를 본다면 무엇이라고 말하겠소?"

"주교님, 성인은 틀림없이 팔을 걷어붙이고 우리들과 함께 일할 겁니다."

신부는 이렇게 대답했다.

다시 말하지만 영웅적인 마음은 전염된다. 가장 심하게 신부에게 반대했던 수사들이 시간이 흐름에 따라 열렬한 협력자로 변했다. 성인과 사귀어서 그 영향을 받지 않는 사람이 없는 것이다.

막시밀리안 신부는 자코파네로부터 이 위기의 장소로 돌아왔다. 어떻게 하더라도 분가를 하지 않으면 안 된다. 그것도 서둘러야 한다. 그러나 어디로? 어떻게?

주의해 보자. 우리들은 이제까지 몇 번이나 신비스러운 세계에 접촉했지만 이제부터는 기적의 세계로 돌입하지 않으면 안 된다. 막시밀리안 신부는 퇴원은 했지만 완쾌된 것이 아니었다. 그러나 그는 '불의 시련'에 의해 전투적이 되어 승리의 수단을 결정적으로 손 안에 장악하고 있었다. 드디어 그는 완전히 '사용할 수 있는 자'가 되었다. 성모님은 이제 이를 사용하여 큰 일을 이루실 수 있는 것이다.

여러 가지 '일치'가 겹치고 '우연'이 작용했다. 그때 하나의 복음이 날아온 것이다. 바르샤바 근처에 팔 땅이 있다는 이야기가 그것이다. 막시밀리안 신부는 교섭을 시작하고 예비 조사차 갔는데 그 땅이 아주 마음에 들었다. 그래서 밭 한가운데 원죄 없으신 성모의 작은 상을 받들어 세우고 낮은 목소리로 말했다.

"성모님, 이 밭과 대지를 성모님의 것으로 만들어 주십시오. 아주 알맞은 곳입니다."

그런데 관구장은 가격이 너무 비싸다고 생각해서 이것을 거절했다. 막시밀리안 신부는 항상 그랬듯이 머리를 숙인 채 그 이상 이야기하지 않았다. '장상의 의지에 의해 표명되는 원죄 없으신 성모님의 의지에 자기의 의지를 개입시켜 성모님의 의지를 깨뜨리게 하는 것'을 신부는 두려워했던 것이다. 그리고 큰 슬픔을 가슴에 안고 소유주인 드루츠키 루베츠키 공작을 찾아가 매매 이야기를 취소한다고 말했다.
"그러면 저 성모상은 어떻게 하겠습니까?"
공작은 물었다.
"그것만은 그대로 두어 주십시오."
신부는 답했다.
공작은 잠시 생각하다가 갑자기 이렇게 말했다.
"좋습니다. 저 땅을 가지십시오. 무상으로 바치겠습니다."
신부는 즉시 관구장에게 편지를 써서 이 일의 새로운 상황을 알렸다. 결정적인 허가가 그로드노에 도착했다. 신부는 잡지의 마지막 페이지를 인쇄하고 있는 공장에서 이 편지를 뜯어 보고 노동 수사들에게 말했다.
"여러분, 무릎을 꿇으시오. 성모 마리아께 감사합시다."
발동기의 굉음 속에서 그들은 일제히 성모송을 세 번 외었다.
곧 제1진이 이사 준비를 위해 출발했다. 그들은 원죄 없으신 성모의 미소짓는 모습을 바라보면서 초라한 판잣집을 짓기 시작했다. 가난했으므로 일꾼을 부릴 여유가 없었다. 잡지의 규모를 축소하지 않기 위해서는 가급적 돈을 아껴 건축할 필요가 있었다.
인근 주민들은 수사들을 동정해서 음식을 갖다 주었다. 수사들은 겸손했고 자신들의 식사 준비는 별로 생각지 않았으며 아침에 큰 빵 조각을 도시락 삼아 가지고 오는 게 고작이었다. 주민들은 음식을 갖다 줄 뿐만 아니라 작업도 거들었다. 수사들과 주민들은 신성동맹을 맺어 땀과 노동을 함께 히였으므로 그 후 주민들은 이 성모의 마을을 '우리들의' 니에포칼라누프라고 부르게 되었다.

막시밀리안 신부는 앞장서서 몸을 아끼지 않고 일했다. 때는 10월이라 주위의 밭에는 아침마다 서리가 내렸다. 때로는 별빛을 받으며, 때로는 창문 대신에 구멍만 뚫어 둔 판잣집 안에서 잠자지 않으면 안 되었다. 신부는 매일 바르샤바로 가서 짐꾸러미를 등에 지고 돌아왔다. 그렇지만 1년전 의사들로부터 "아주 조용하고 규칙적인 생활을 하고 영양과 수면을 충분히 취할 것이며 안락의자에 많이 앉아 있도록 하고 결코 무거운 것을 들어서는 안 된다."는 명령을 이미 받은 바 있다.

어떻게 이럴 수가 있을까? 그것은 '병자의 나음'이신 그분의 신비다. 창립하던 해와 그 후 수년간 심하게 노동하고 수면도 조금밖에 취하지 않았으며 게다가 건강에 적당하지 않은 기후로 괴로워하면서도 병은 위중하게 재발되지 않았다. 신부는 죽을 때까지 싸움터에서 있었던 것이다.

성모의 군단은 1927년 2월 21일 성모 자헌 축일에 모두 그로드노를 떠났다. 그들은 다음 날 니에포칼라누프에 도착하여 즉시 인쇄소를 차릴 판잣집의 건축을 거들지 않으면 안 되었다. 일동은 벌판에서 아주 간단하게 식사를 했다. 한시도 꾸물거릴 수 없었기 때문이다. 다행히 그들의 열정과 청빈에 감동한 인근 아낙네들이 며칠씩 계속해서 수도복을 입은 젊은 노동자들을 위해 식사 준비를 해주었고, 수사들을 '형제'라 불러 주었다.

처음에는 극도의 곤궁으로 생활 필수품을 얻으러 다니지 않으면 안 되었다. "모든 것은 원죄 없으신 성모님을 위해!" 그러나 성실하신 동정녀이신 성모님은 당신께 맡겨진 수사들 위에 두터운 배려를 내려주셨다. 단원의 한 사람인 제노 수사와 저니에브르 수사는 "유대인들까지도 우리를 도와 주었습니다."라고 감탄하며 말하는 것이었다.

　새 지원자들은 물론 심한 시련을 겪지 않으면 안 되었다. 어떤 수사는 말했다.

"나는 처음 와서 껑충 뛸 만큼 놀랐습니다. 한 농부에게 '수도원이 어디 있습니까?'라고 묻자 '저깁니다.' 하는 것이었습니다. '저기라니 어디요?' '잘 보시오. 판잣집이 안 보입니까?' 가리키는 방향을 바라보니 나지막한 작은 나무집들이 페인트 칠도 제대로 되지 않은 채 몇 개 있을 뿐이었습니다. 나는 깜짝 놀라서 물었습니다. '저게 수도원입니까?' '그렇습니다. 저 속에서 모두들 아주 즐겁게 노래 부르곤 하지요!' 농부는 이렇게 답하는 것이었습니다.

　나를 맞아 준 사람은 막시밀리안 신부 자신이었습니다. 일을 하고 돌아와서 퍽 피곤한 모습이었습니다. 신부는 어머니처럼 다정한 시선으로 나를 보면서 말했습니다. '피곤하지? 시장하기도 할 거야. 자, 따라오게.' 신부는 나에게 먹을 것과 마실 것을 주었습니다. 그리고는 '자네가 성모님을 사랑해서 그분께 모든 것을 바친다면 자넨 행복해질걸세. 완전히 행복해지는 거지.'라고 말했습니다. 이렇게 말하면서 그는 웃음지었는데 그 얼굴은 기쁨에 가득 차 있었습니다. 나는 혼자 중얼거렸습니다. '신부님은 자신이 체험한 것을 말하고 있다.' 나는 돌연 마음이 크게 즐거워짐을 느꼈습니다. 그때부터 나는 항상 행복했습니다. 신부는 내게 대해서 아버지요 어머니였습니다."

　이것은 수사들이 그 증언 속에서 항상 강조하고 있는 점으로서 듣는 이들의 마음을 감동시키기에 족하다.

　수사 중의 한 사람은 이렇게 썼다.

"어떤 아버지, 어떤 어머니도 막시밀리안 신부가 우리들을 사랑한 만큼의 배려와 자애를 가지고 자기 자녀들을 사랑할 수는 없다고 생각했습니다."
또 다른 수사들은 이렇게 얘기했다.
"나는 친부모님처럼, 아니 부모 이상으로 신부님을 사랑했습니다. 왜냐 하면 신부님은 사실상 어머니고 아버지였기 때문입니다."
"나는 신부님 옆에 있으면 마치 어머니 품안에 안겨 있는 것처럼 느낍니다."
막시밀리안 신부는 이 영적인 부성(父性)을 아주 명백히 의식하고 있었다. 신부는 성 바울로처럼 자기 편지 속에서 여러 차례 "나는 예수 그리스도 안에서 당신을 낳았습니다."라고 되풀이하여 썼다. 신부는 장상들에게 수사들을 '어머니처럼' 보살펴 달라고 여러번 권했다.
"그들은 여기 오기 위해 모든 것을 버렸으며 또 때로는 심히 괴로운 희생을 바치지 않으면 안 되었습니다. 따라서 우리들에게서 참된 새 가정을 찾아야만 합니다."
이것이 신부의 말이었던 것이다.

니에포칼라누프 방문

그들이 자기네의 집 — 더 정확히 말해 '원죄 없으신 성모의 마을(니에포칼라누프)'에 정착한 날부터 즐거운 표정과 대담한 마음은 그들에게서 떠나지 않았다. 이날부터 그들은 순수히 영웅적인 생활의 험난한 정상으로 기어오르는 것이었다. 그럴 수밖에 없었다. 한시도 소홀히 해서는 안 되었기 때문이었다. 그들의 목표는 창립자가 즐겨 쓴 용어를 빌린다면 '전세계'였다. 따라서 전진하지 않으면 안 되었다. 정복, 또 정복이 있을 뿐이다.

이리하여 눈이 아찔할 정도의 약진이 시작되었다. 이것을 보고 어떤 사람은 어리둥절했고, 어떤 사람은 그들을 떠나 버렸다. 한쪽에서는 열광의 회오리바람이, 다른 쪽에서는 증오와 박해의 회오리바람이 일어났다. 잡지의 발행 부수는 매년 거의 기하급수적인 증가를 보였다. 1927년에는 5만 부, 1928년에는 8만 1천 부, 1929년에는 11만 7천 5백 부, 1930년에는 29만 2천 8백 부, 1931년에는 43만 2천 부, 1935년에는 70만 부, 1939년에는 1백만 부에 달했다.

당시에는 한 종류의 월간 잡지뿐이었으나 그것으로 만족할 수는 없었다. 어린이들을 잊어서야 되겠는가? 그래서 어린이들을 위한 잡지 「원죄 없으신 성모의 소년 기사」가 나왔다. 또 폴란드 인이 아닌 외국인들을 위해서 막시밀리안 신부는 '세계적인 출판 대리점이 필요하다.'는 생각을 하고 모든 인종, 모든 언어에 속하는 성직자들을 결합할 잡지 「원죄 없으신 성모의 기사」를 라틴어로 발간했다.

그것뿐만 아니었다. 폴란드의 주교들은 오래 전부터 가톨릭의 기치가 선명한 신문, 두드러진 편집으로 대중의 요구에 부합하고 당파 싸움과 개인적인 이익을 초월하는 신문을 바라고 있었다. 몇 번인가 이를 시도해 보았으나 몇 개월 뒤에는 형편 없는 실패로 끝났다. 가톨릭의 기치를 선명히 내걸고 진리의 분위기 속에서 신문을 발간하기란 이토록 어려웠다. 게다가 폴란드의 대신문들은 경쟁자를 용납하지 않았던 것이다.

성모의 기사들은 다른 사람들이 기획했다가 헛수고로 끝낸 이 사업을 시작하여 단숨에 성공했다. 1935년 5월 「작은 신문」의 창간호가 발행되고 즉시 대중을 포섭했다. 잘 짜인 편집에 저렴한 구독료, 원죄 없으신 성모의 빛깔인 청색과 백색을 넣은 이 신문은 도처에 널리 퍼졌고, 무보수의 독지 판매원에 의해 곳곳에서 팔렸다. 판매원들은 성모께 대한 봉사에 참여할 기회를 허락해 준 데 대해 퍽 기뻐하고 있었다.

신문이 얼마나 신속하고 광범하게 유포되었던지 세력을 떨치던 대신문의 경영자들은 놀라서 입만 벌리고 있었다. 가난한 수도자들로부터 이런 경쟁을 당하리라고는 생각조차 못했던 것이다. 그들은 수입이 눈에 보이게 줄고 '너절한 신문'으로 깔보았던 게 도처에서 환영받아 사람들의 마음에 파고드는 것을 보고 울화통이 터졌다. 그들은 펄펄 뛰며 외쳤다.

"당신네들은 조건이 좋은 거야! 인건비가 한 푼도 안 들지 않나?"

막시밀리안 신부는 웃으면서 답했다.

"그러면 왜 당신네는 우리들처럼 하지 않습니까?"

5그로(gro, 화폐 단위)라는 우스울 만큼 값싼 구독료만이 이 놀라운 성공의 비결일 수는 없다. 대신문의 경영자들이 몰랐던 것, 이해할 수 없던 것이 있었다. 「작은 신문」의 출발점이 그것이다. 창간호가 나오기 전 9일간 327명의 노동 수사는 성체 앞에서 밤낮으로 기도를 계속했다. 그 훌륭한 계획을 사업의 보호자이신 성모 마리아께 열심히 의탁하면서 단식과 고행을 행했다. 그 후에야 비로소 그들은 강력한 윤전기를 돌렸던 것이다. 드물게 보는 숙련공들뿐인 노동 수사들은 활동하기 전에 반드시 기도를 했고, 가치의 등급을 엄밀히 지켰다.

그러나 영적인 면을 앞세우면서도 물질적인 면을 소홀히 하는 것은 아니었다. 오히려 그 반대였다. 왜냐 하면 관상가였던 그들은 동시에 우수한 기술자였고 항상 완전과 진보를 추구하고 있었기 때문이다. 이것은 막시밀리안 신부의 실제적 성품의 일면이다. 그는 니에포칼라누프에서 거룩한 노동자—그 의무를 완전히 이행하는 참된 성인밖에 바라지 않았다. 성모송을 외우면서 기계를 운전할 수는 없다. 그러나 윤전기의 규칙적인 소리를 마니피캇으로 바꿀 수는 있는 것이다. 또 막시밀리안 신부는 단순한 아마추어를 싫어해서 자기 편지 속에서도 가끔 옛 격언 "네가 하고 있는 것을 잘하라."를 되풀이해 적었다.

말로만 이야기할 게 아니라 현장을 한번 살펴보기로 하자. 막시밀리안 신부가 이 황량한 곳에 원죄 없으신 성모의 작은 상을 세운 날로부터 9년의 세월이 흘렀다. 이제는 이미 하나의 마을이 되어서 멀리서 보면 공업 도시의 모습을 드러내고 있다.

　문지기 수사는 미소를 띤 채 이 대사업의 책임자인 원장 신부의 방으로 우리를 안내한다. 그곳은 대략 9평방미터 정도 될 듯한 작은 방이다. 벽은 석회를 희게 발랐고 가구라고는 책상 한 개, 걸상 두 개, 책이 그득한 두 개의 책꽂이밖에 없는데 모두 칠을 하지 않은 흰 나무 그대로다. 방 한쪽 구석에 쇠침대가 있고 그 아래에 물 그릇이 하나 놓여 있다. 책상 위에는 전화와 두말할 것 없이 성모상이 있다. 도처에서 볼 수 있는 이 엄격한 청빈은 이곳의 풍모와 위대함을 나타내고 있다. 니에포칼라누프에는 저속한 것이라곤 하나도 없다.

　원장 신부는 매우 부드럽고 젊으면서도 꿰뚫을 듯한 시선을 하고 있다. 어떤 수사들은 신부가 영혼의 내면을 읽을 수 있는 능력을 갖고 있다고 생각하고 있었는데 이것은 별로 놀랄 일은 아니다. 신부는 희끗희끗하고 숱이 많은 턱수염을 기르고 있었다. 가끔 기분좋게 이 수염을 쓰다듬는다. 웃으면 어린이처럼 하얀 치아가 보여 순진스러운 인상을 주었고, 앓는 사람 같지는 않지만 좀 지친 듯한 표정이었다. 신부는 최근 일본에서 귀국했다고 한다.

　신부는 프란치스코 회원다운 친절을 보이며 우리들을 맞이한 후 즉시 수화기를 들어 주방을 맡은 수사에게 "손님들이 오셨으니 차를 한 잔 주시겠습니까?"하고 알린다. 잠시 후 아주 젊은 수사가 즐거운 표정을 얼굴에 가득 띤 채 쟁반에 주전자와 백철(白鐵) 컵을 얹어서 들어왔다. 니에포칼라누프에서는 도자기류가 엄금되어 있어서 교황 대사나 추기경도 이 컵을 사용하지 않으면 안 된다. 그러나 그들에게 이것이 도리어 즐거운 인상이 되는 것이다.
　신부는 우리들의 질문에 답할 뿐이다. 자신에 대해서는 일체 이야기하지 않도록 아주 조심한다. 이야기를 들어 보면 이 거대한 사업도 별게 아니라고 신부는 생각하고 있는 것 같다. 화제가 성모 마리아로 옮겨지면 급히 활기를 띠고 눈을 반짝이면서 "원죄 없으신 성모님은 우리들의 여왕이십니다. 우리들의 생명 전체입니다. 모든 것은 성모님 덕분이지요. 성모님에 의해 우리들은 이 세상에 존재하는 영혼과 세상 끝까지 존재할 모든 영혼들을 그리스도께로 데려가는 것입니다."라고 말하는 것이다.
　목소리를 떨면서, 눈을 반짝이면서, 열정을 담고 말하는 신부의 이야기를 듣고 있자면 이 서툰 말 속에 숨어 있는 것이 무엇인지, 이 초라한 판잣집 속에 얼마나 눈부신 현실이 깃들어 있는지를 곧 깨달을 수 있다.
　공장을 살펴보자. 어느 방이나 눈에 잘 띄는 곳에 원죄 없으신 성모상이 모셔져 있다. 사람들은 들어오면 먼저 꿇어앉아 짧은 기도를 외우고 그날 작업을 봉헌한 후 즉시 지정된 부서로 간다. 작업 중에는 철저히 침묵을 지킨다. 꼭 필요한 경우에는 낮은 음성으로 말할 수 있다. 넓은 작업장에는 발동기의 소음, 컨베이어 벨트 소리, 그리고 위력 있는 윤전기의 규칙적인 울림밖에 안 들린다. 이 윤전기로부터는 1시간에 2만 부나 되는 책이 인쇄되어 제본과 발송을 기다리는 것이다. 책이 쏟아져 나오면 즉시 거두어 발송을 준비한다.
　여기시는 흔히 쓰이는 삼분제(三分制)를 써서 합리적인 경영을 함으로써 최대의 능률을 올리고 있다. 외국에서 수입한 주소를 찍기 위한 아테나 인쇄기로는 만족할 수 없어 전문가 수사가 새로운 기계를 발명했는데 이 기계는 그 후 얼마 안되어 포즈나니의 박람회에서 입상했다고 한다. 이 기계를 쓰면 2배의 능률을 올릴 수 있다는 것이다. 여기서도 침묵이 지켜진다. 젊고 묵묵한 얼굴에서 넘치는 기쁨과 약간의 피로감을 엿볼 수 있다. 하루의 일과가 끝날 때가 된 것이다. 모두 얼굴을 원장 신부 쪽으로 돌린다. 모두의 눈이 미소를 담은 채 신부에게 향해진다. 신부는 늘 하듯이 "마리아!"하며 그들에게 인사한다. 일동은 다같이 "마리아."를 부드럽게 부르며 이에 답한다.

어느 공장에도 말로 표현할 수 없는 청명한 분위기가 감돌고 있다. 숙련되고 열심한 사람들의 손에 의해 운전되고 있는 기계는 사실상 기도하고 있는 것이다. 아주 기술적이고 숙련된 작업을 사랑에 의해 전례로 만들어 가고 있다. 성 프란치스코가 작은 새와 꽃들을 형제 자매라고 불렀듯이 노동 수사들은 이 윤전기를 자매라 부르고 발동기를 형제라 부른다. 프란치스코 성인도 물론 이것을 나무라지 않을 것이다.

막시밀리안 신부는 어느 날 엄숙하게 시운전을 행하면서 '형제인 발동기'의 찬가를 노래했다고 한다.

"이 발동기가 그 여왕, 그 주인에게 충실히 봉사해 주기를 바라는 것 외에 내가 무엇을 바라겠습니까? 오늘 한 축성식은 이 기계의 착복식인 셈입니다. 다음에 이 기계를 조립해서 장치하는데 그것은 이 기계의 수련 시작인 셈입니다. 마침내 운전을 시작하게 되면 이 기계는 서원을 한 셈이 됩니다. 이 밖에 내가 이 기계에 무엇을 원하겠습니까? 오래 가동해 달라고 하겠습니까? 다른 기계가 더 많아지도록, 능률이 오르도록 기원하겠습니까? 아니, 나는 그런 것을 원하지 않습니다. 어떤 일을 하더라도 중요한 것은 다만 한 가지입니다. 맹목적으로 성모 마리아의 희망에 합치되는 것이 그것입니다. 수도자는 많은 일을 하기 때문에 훌륭한 것이 아니라 순종하기 때문에 훌륭한 것입니다. 그러므로 '형제인 발동기'가 기술자 수사의 손을 통해 원죄 없으신 성모께서 원하시는 대로 한다면 이미 좋은 수도자가 된 셈입니다. 성모님께서 원하신다면 내일 그 기계가 파괴돼도 좋습니다. 또 성모님께서 원하신다면 1백년 이상 가동돼서 다른 발동기 형제를 얻게 될 만한 수입을 올려 주어도 좋습니다."

이것은 바로 피오레티의 말이 아닌가?

이 노동 공화국에는 사제가 6명뿐인데 반해 7백 명의 수사가 있어 모든 일을 맡고, 거룩한 순종에 의해 아주 광범한 자주성을 부여받고 있는 점이 주목할 만하다. 조직면에 천재적 소질을 지닌 막시밀리안 신부는 수사들을 맹목적인 도구로 만들기를 싫어했다. 따라서 신부는 책임감과 발명의 정신을 배양하기 위해 누구보다 주의를 기울였다. 수사들은 자기에게 제일 적당한 영역을 요구할 권리가 있었고 권태를 느낄 때는 부서를 바꿀 수 있었다. 물론 거룩한 순종에 의해 현재의 부서에 그냥 있도록 한 일이 종종 있었다. 그러나 그것은 항상 누가 보아도 부득이한 이유가 있는 경우에 한해서 그랬다.

막시밀리안 신부는 부조리와 극단적인 전문화를 싫어했다. 그는 각 수사가 여러 전문 분야를 다 알기 위해서는 일부러 한 공장에서 다른 공장으로 옮겨가는 것을 바랐다. 니에포칼라누프에는 로봇이 없다. 다만 자기의 성소를 자랑으로 여겨 하느님의 협력자가 되고, 완전한 봉헌에 의해 고귀해진 노동자밖에 없다.

니에포칼라누프의 사업부에는 '발명과 계획'이라는 표지가 붙은 특별한 상자가 있어서 각 수사들이 아주 완전한 계획을 생각해 내면 이 속에 투서할 수 있었다. 이 계획은 특별위원회에서 검토한 후 실시하여 능률을 올리는 것이었다. 젊고 영리하고 발랄해 보이는 수사들의 얼굴을 보니, 이 니에포칼라누프에서 몇 가지나 되는 특허를 얻은 것도 놀랄 일이 아니라는 생각이 들었다.

"지원자가 많습니까?"

우리들의 물음에 신부는 다음과 같이 말했다.

"많습니다. 매년 1천 8백 명 가량의 지원자가 옵니다. 그러나 우리들은 엄선하고 있습니다. 1천 8백 명 중에서 결국 약 1백 명만 받아들이지만 그 중에서 서원까지 이르는 사람은 50명에 불과합니다. 우리들에게는 엘리트가 필요합니다(잠시 신부는 망설였다.). 니에포칼라누프는 성인들의 양성소가 되지 않으면 안 되기 때문입니다."

지원자 중에는 세속에서 상당한 경력을 쌓은 전문 숙련공이 많았다. 그 밖에 대학을 나온 건축 기사, 기계 기사, 대학 교수 등도 있었다. 이렇게 여러 직업에 속하는 사람들이 있었으므로 완전히 자급자족할 수가 있었다. 특히 소방대에 대해서 쓴다면 넉넉히 한 장을, 그것도 아주 재미있는 한 장을 쓸 수 있게 될 것이다. 광범위하게 펼쳐진 그들의 솜씨와 재주는 일일이 말할 수 없을 정도이다.

잠깐 동안 보아도 노동 수사는 편집장인 신부와 조금도 다를 바가 없다. 똑같이 낡아서 누덕누덕 기운 옷을 입고 같은 음식을 먹는다. 막시밀리안 신부는 차별을 허락하지 않는다. 신부도 수사도 모두 같은 대우를 받고 있고 또 받지 않으면 안 된다. 규칙 위반은 엄중하게 처벌된다. 부서 책임자들의 유일한 특권은 원장 신부와 꼭같은 가구를 갖춘 개인 방을 갖는다는 점이다. 대다수의 수사는 커다란 공동 침실에서 자게 되어 있다.

막시밀리안 신부는 자신을 위해 무언가 예외의 조치가 몰래 행해지고 있음을 발견하면 '거룩한 분노'를 억제하지 못했다. 자기 방에 새 양복이 있는 것을 발견할 때마다 꼭꼭 "다른 수사들도 같은 양복을 가지고 있습니까?"하고 묻는 것이었다. 신부에게 새 스웨터를 입게 한다든지 유명한 반 고흐 스타일의 신발 대신에 새로운 신발을 신게 하는 경우에는 무슨 책략을 쓰지 않으면 안 되었다고 한다.

신부는 병자를 특별히 우대했다. 병자를 위해 특별한 부엌을 만들게 했고, 병자들에게는 아무리 값비싼 약이라도 필요한 약은 모두 갖춰 주었다. 이름난 의사와 약뿐만 아니라 병자들에게 가능한 한 즐겁게 요양할 수 있는 분위기를 만들어 주려고 했다.

막시밀리안 신부는 문자 그대로 병자들을 애지중지했다. 자신이 오랫동안 중병을 앓았기 때문에 병상의 괴로움이 얼마나 견디기 어려운지를 알고 있었던 것이다. 아무리 바쁜 일이 있는 날이라도 '친애하는 병자'들을 방문하여 그들의 도움이 얼마나 필요한지, 니에포칼라누프 전체가 얼마나 그들에게 기대를 걸고 있는지를 말해 주었다.

다소 실없는 방문객들이 이 분주한 마을에서 어디가 가장 열심히 일하는 곳이냐고 물으면 신부는 그들을 전나무로 둘러싸인 요양소로 안내하여 "이곳입니다."라고 답하고 '그 친애하는 병자'들을 그들에게 보여 주었다.

식당에는 흰 나무로 된 커다란 식탁들이 줄지어 있고 구석에 작은 제단이 있어 원죄 없으신 성모상이 모셔져 있다.

수사들은 식사 전 기도를 한다. 아아, 그 기도의 열심스러움이란!

기도문은 한 마디 한 마디 정확하고 절도있게 발음되고, 그 말 속에 큰 열심이 숨어 있다. 방문객들은 소리를 합해 외우는 사도 요한의 이 성구 소리를 한 번쯤은 듣게 될 것이다.

"하느님은 사랑이십니다. 사랑 안에 있는 사람은 하느님 안에 있으며 하느님께서는 그 사람 안에 계십니다."

이 소리를 듣고 있으면 그들의 비밀을 이해할 듯 싶어진다. 즉 그들이 여기에 모여 있는 것은 사랑에 의해서이고, 그들은 지키고 있는 것은 하나의 사상이나 이데올로기가 아니라 '사랑이신 그분'이라는 것을 이해할 만하다.

식사는 검소하지만 맛있고 양도 충분하다. 니에포칼라누프에서 굶주림을 호소하는 사람은 없다. 똑같은 백철 접시에 똑같은 수저를 사용하여 밥을 먹는다. 방문객이 있는 날은 '데오 그라시아스(침묵 해제)'를 허락하는데 그럴 경우 넓은 식당은 즐거운 담소로 가득 찬다. 그러나 보통은 엄격한 침묵이 지켜진다.

막시밀리안 신부는 이 침묵을 중요시했다. 그는 "그렇게 시끄러워서야 어떻게 하느님의 소리를 들을 수 있겠습니까? 하느님은 당신들에게 침묵 속에서 말씀하시는 법입니다."라는 것이었다.

단순한 호기심에서 구경 온 사업가들은(니에포칼라누프는 성성과 악평으로 유명해지기 시작한 것이다.) 이상한 광경에 완전히 어리둥절하고 얼떨떨해진다. 그런 사람들 중의 한 명이 어느 날 웃으면서 내게 말했다.

"도무지 이해할 수가 없어요. 기술과 신비가 팔짱을 끼고 걸어가고 있군요."

그들을 충분히 이해하려면 그들 뒤를 따라 성당에 들어가 볼 필요가 있다. 성당도 초라한 판잣집(뒷날 대성당이 세워졌지만 신부는 이것을 보지 못했다.)으로 젊은 수도자들이 입추의 여지 없이 꿇어앉아 있다. 그들이 얼마나 열심하고 간절한 기도에 열중했던지 그 얼굴이 빛날 지경이다. 회칙에는 묵상과 몇 가지 기도에 하루 3시간 반을 바치도록 규정되어 있다. 그러나 그들의 노동은 벌써 끊임없는 기도라고 볼 수 있지 않겠는가? 확실히 그들은 하느님의 소리에 귀를 기울이고, 또 실제로 그것을 들을 기회를 놓치지 않고 있는 것이다.

아주 현대적인 이 기업은 끊임없이 기록을 갱신하여 기술적 능률의 모범이 되고 있지만 또한 초자연 속에 그 뿌리를 깊이 박고 있다. 그런 이유로 해서 지옥으로부터뿐만 아니라 하느님과 재물을 타협시키려고 하는 일부 '양식 있는 사상가'로부터도 많은 박해와 비난과 노여움을 받는 것이다.

그렇지만 때로는 적에게서까지 솔직하게 찬양받는 놀라운 일도 있었다. 어느 날 수 명의 유대인이 용무가 있어 니에포칼라누프를 방문했다. 하나도 빼놓지 않고 샅샅이 둘러본 후 한 사람이 막시밀리안 신부에게 고백했다.

"나는 공산주의자입니다(당시 폴란드에서는 공산당이 합법적으로 존재할 수 없었다.). 그렇지만 나는 우리의 사상이 실현되고 있는 것을 처음 보았다고 말하지 않을 수 없군요. 당신네들이야말로 참된 공산주의자들입니다."

그의 입으로는 분명 이보다 더 아름다운 찬사를 발할 수 없었을 것이다.

벚꽃 피는 나라에서

　옛날 '작은 형제들'이 전세계에 복음을 선포하기 위해 두 사람씩 떠났던 시대가 있었다. 오늘날 그들은 '우리 자매인 기계'를 사용하여 무수한 인쇄물을 사방에 퍼뜨리는 것이다. 각 시대에는 각각 독특한 방법이 있는데 막시밀리안 신부는 모든 새 아이디어를 기쁘게 받아들여 즉시 이를 축성한다. 신부는 입버릇처럼 "인간의 최고의 재능은 하느님과 원죄 없으신 성모께 대한 봉사와 영광을 위해 동원되지 않으면 안 된다."는 말을 했다.
　전쟁 직전 신부는 4대의 비행기가 착륙할 수 있는 비행장을 니에포칼라누프 안에 지을 계획을 세웠다. 또 방송국을 설치해서 큰 성공을 거두었고, 가톨릭 영화를 제작하기 위해 일류 배우들을 끌어들이려고 생각했다.
　그의 말과 행동은 모두 어디까지나 선의 승리를 확신하는 활기찬 가톨릭적 낙관주의에서 출발한 것이다. 그는 죄를 제외하고는 아무것도 비난하지 않고 배척하지 않았다. 그 시대에 등을 돌리기커녕 양팔을 크게 벌려 이를 끌어안아 자기의 것으로 만들어 버렸다. 추수 주인이 먼저 좋은 밀씨를 뿌리신 것을 알기 때문에 잡초를 발견하더라도 그 위에 하늘의 불을 불러오는 일이 없도록 조심한다. 밤중에 적이 그 주위를 어정거려도 아무 쓸데없는 짓일 뿐이다. 다 익은 밀 이삭은 잡초를 누르고 밭에서 자라날 것이다.

신부는 편지 속에서 몇 번이나, 서둘러 선택하지 말 것을 당부하고 있다. 신부는 말한다.

"오류 속에도 진리의 씨앗이 묻혀 있다. 이것을 집어 내지 않으면 안 된다. 우리들에게 속하는 것을 집어 내라. 그 외의 것은 자연히 소멸시키는 게 좋다."

이것은 아주 적극적이면서도 유연한, 그리고 적에 대해서는 두려운 방법이다. 왜냐 하면 독특한 무기를 가지고 자기의 영역에서 싸우기 때문이다. 막시밀리안 신부와 공산주의에 관해서 쓴다면 한 장을 할애해야 할 것이다. 신부는 니에포칼라누프에서 원죄 없으신 성모께 대한 봉사 때문에 제1차 5개년 계획을 실시하려는 천재적인 고안을 내놓지 않았던가!

이 사업과 이 굉장한 계획만으로 충분하다고 생각할는지 모른다. 그러나 그는 더 큰 사업을 꿈꾸고 있었다. 막시밀리안 신부가 젊고 열렬한 수련자 시대의 염원을 잊어버렸다고 생각하는 사람이 있다면 그 사람은 신부를 전연 이해하지 못했다고 말할 수 있다. '원죄 없으신 성모에 의해 전세계의 모든 영혼을 그리스도의 것이 되게 하는 것', 이것이 그의 염원이었다. 폴란드는 그의 유일한 목표가 아니라 다만 그의 도약대였을 뿐이다.

여기서 우리는 요정 이야기 같은 신기한 이야기를 기록하지 않으면 안 되겠다. 니에포칼라누프 창립 후 3년밖에 되지 않았을 때, 한창

발전 중에 있는 사업이 그의 전 정력과 노력을 요구할 때, 막시밀리안 신부는 선교를 떠나는 것이다!

어느 날 신부는 기차 안에서 몇 명의 일본인 학생과 만났다. 신부는 이들에게 말을 걸면서 늘 그랬듯이 주머니에 가득 든 기적의 메달(이것이 그의 무기였다.)을 그들에게 주었다. 일본인 학생도 그 대신에 마스코트로 갖고 다니던 자그마한 목제 코끼리 인형을 신부에게 주었다. 이때부터 신부는 참된 신을 모르는 이들 영혼의 큰 불행을 줄곧 생각했다.

어느 날 그는 관구장을 찾아가 단도직입적으로, 일본에 가서 니에포칼라누프를 창설하고 싶다고 말했다. 두 사람 사이에는 다음과 같은 대화가 오갔다.

"돈은 있습니까?"

"아니오."

"일본말은 압니까?"

"아니오."

"일본에 친구나 원조자가 있습니까?"

"아직은 없습니다. 그러나 하느님의 은총에 의해 찾을 수 있을 것입니다."

매우 신중하고 양식을 갖춘 추프리크 관구장의 입장에서 한번 생각해 보자. 물론 막시밀리안 신부는 늘 그랬듯이 "저 때문에 너무 신경 쓰지 마시기를 바랍니다. 저는 다만 한 가지밖에 원하지 않습니다. 맹목적으로 순종하는 것이 그것입니다. 원죄 없으신 성모님은 장상의 입을 통해 당신 뜻을 나타내십니다."라는 말을 덧붙였다. 적어도 함께 의논하겠다는 마음 자세만 갖고 있다면 괜찮을 것이다. 그런데 그게 아니다. "나의 계획은 이렇습니다. 바라건대 결정을 내려 주십시오. 여러분들은 하느님의 대변자들입니다. 아시다시피 어떠한 결정을 내려 주시더라도 저는 한 마디 불평 없이 즉각 순종하겠습니다."라고 신부는 말할 뿐이다.

막시밀리안 신부는 이 제1탄을 터뜨린 후에도 어린이처럼 잠을 푹 잘 수 있었겠지만 그의 장상들은 완전히 뜬 눈으로 밤을 새우지 않을 수 없었다. 신부의 주장에 반대할 수가 있을까? 니에포칼라누프는 그의 주장이 항상 옳음을 분명히 입증하는 게 아닌가? 그는 무에서 열매를 맺게 하는 은혜를 받았다. 인간의 얕은 소견으로써는 미치광이 짓처럼 생각되는 모험도 섭리의 정상적인 길이 되고 있는지도 모른다. 한번 시험해 보면 어떨까?

막시밀리안 신부는 훌륭한 지도자였다. 선의의 사람들은 끝내 그의 뒤를 따르게 된다. 예컨대 신부에 대해서 심한 적의를 보였던 어떤 장상들도 신부와 같은 광인이 되고 그의 열렬한 협력자가 되는 것이다. 이렇게 둔해지고 비열해진 우리들의 마음도 성인과 접촉하면 곧 풍부해져서 "그가 말하는 것은 벌써부터 알고 있었던 것인데 어떻게 이것을 우리가 이해할 수 없었을까?"라고 의아해 하는 것이다. "선은 악보다 더 잘 전파된다."라는 것이 막시밀리안 신부의 신념의 하나였다.

결국 신부는 필요한 허가를 받아 네 명의 수사를 데리고 1930년 머나먼 일본을 향해 출발했다.

도중 프랑스를 가로질러 루르드와 리지외를 방문했다. 항상 그랬듯이 아주 신중한 신부는 편지 속에서도 이에 관해 많은 말을 하지 않는다.

루르드의 동굴에 참배한 신부의 모습은 상상하기 어렵지 않다. 신부는 "여기서 원죄 없으신 성모의 발현을 볼 것 같다."라고 썼다. 신부의 편지는 기지에 넘치고 유쾌하며 어린이 같은 순진함에 가득 차 있다. 그리고 작은 형제들을 즐겁게 해주려는 의도가 역력했다. 그러나 때로는 엄숙한 어조를 띤다.

「우리들은 리지외에서 성녀 데레사의 장기판을 보았습니다. 이것은 회개할 줄 모르는 우리들에게 큰 위로가 되었습니다.」

「성모님께 몸을 바친 영혼이 냉담해진 것을 볼 때 우리들의 마음은 심히 괴롭습니다. 그들을 성화시키기 위해서는 몇 천 번 죽어도 좋습니다.」

「우리들은 원죄 없으신 성모님의 것, 그분의 소유물입니다. 성모님은 우리들에 대한 모든 권리를 갖고 계십니다. 우리들은 성모의 기사입니다. 그분의 지령이 있으면 어디든지 갈 것이고 그분이 명하신 것은 무엇이나 다 할 각오입니다.」

「목장에는 가지각색의 꽃들이 피어 있습니다. 그리스도 교회의 사업도 이것과 마찬가지입니다. 우리들의 목적, 그것은 원죄 없으신 성모를 위해 일하는 것입니다.」

「섭리의 무한한 보물 창고만이 이 세상 군주의 금괴와 경쟁할 수 있습니다.」

「우리들은 우리의 이상을 위해 우리의 생활을 희생할 수는 있어도 우리의 이상을 생활 밑에 두어서는 안 됩니다.」

이런 귀중한 서간을 쓰게 한 이 순례는 더없이 귀중한 것이었다. 막시밀리안 신부는 자기 자신에 관해서는 거의 말하지 않았다. 그러나 그의 영혼을 그 편지 안에서 엿볼 수 있다. 그의 영혼은 항상 변함 없이 아름다운 음악을 연주하고 고공의 공기를 호흡하고 있었다. 휘갈겨 쓴 몇 개의 짧은 편지 속에서도 이 맑디 맑은 혼을 엿볼 수 있다.

일행은 마르세유에서 배를 탔는데 막시밀리안 신부는 여행하면서나 정박 중에 많은 사람들을 개심시켰다. 불가항력적인 매력으로 그들의 마음을 갑자기 사로잡아 버렸던 것이다. 물론 일행은 프란치스코 회원답게 가장 가난한 여객들과 함께 갑판 위에서 여행을 했다. 항상 쾌활하고 친절하고 겸손한 그들은 주위 외국인들에게 말보다 행동으로 설교했고 여가를 틈타 일본말 공부도 했다.

사이공에 도착하자마자 막시밀리안 신부는 베트남 신부들과 접촉하여 그곳에서 잡지를 발행해도 좋다는 승락을 받았다. 상하이에서는 백만장자 로 광 호 씨가 신부를 원조할 것을 약속했고 중국어 잡지를 발행하기 위해 자금을 제공하겠다고 말했으나 불행히도 이 계획은 다른 선교사들의 반대에 부딪쳐 실패했다.

신부는 슬퍼하며 이렇게 썼다.

「이 도시는 많은 세력 범위로 분할되어 있습니다. 그래서 우리는 프란치스코회의 세력 범위 내에서밖에 활동하지 못할 것 같습니다.

이교인들은 기꺼이 우리들을 돕겠다고 말합니다. 그렇지만 그리스도 교 측으로부터 갖가지 곤란이 일어나는 것입니다.」

우리 선교사 일행은 1930년 4월 24일 나가사키에 상륙했다. 항구에 들어오자 배는 그림 같은 섬들의 사이를 누비며 나아갔다. 이 섬들에는 3세기에 걸친 그리스도교의 빛나는 전통이 지켜지고 있었다. 대나무로 된 초가집 안에는 '세이보(聖母)'라고 불리우는 성모 마리아 상이 모셔져 있는데 그 모습은 관음보살과 너무나 흡사했다. 재속에 불꽃이 감춰져 있는 것이다.

누가 이곳에 지난날의 광휘(光輝)를 다시 가져다 줄 것인가? 선교사들의 사명은 컸다. 어떤 일이 있어도 한시 바삐 수많은 순교자들의 피에 풍성한 열매를 맺게 하지 않으면 안 된다. 이때 신부는 성 안드레아 보볼라와 같은 시대 사람으로서, 신앙을 위해 죽겠다는 열망을 품고 일본에 건너와 거기서 순교의 관을 얻은 폴란드의 예수회원 아달베르트 메친스키를 생각하지 않았을까? 유럽에는 그리 알려지지 않았지만 고문을 받고 사형에 처해지면서도 최후까지 용감하게 신앙을 지킨 무수한 일본 순교자들의 일을 생각했던 것이 아닐까?

벚꽃 만발한 섬들을 바라보면서 막시밀리안 신부는 문득 그 아름답고 붉은 관을 생각하고 혼자 이렇게 중얼거렸다.

"어머니, 그 관은 여기서 받게 되는 것입니까?"

드디어 활동을 개시하게 되자 매우 현명하고 실제적이며 또 교묘한 외교를 행하면서 돌아다녀야 했는데 이것은 막시밀리안 신부가 가진 특기였다.

먼저 신부는 자신의 눈으로 이 신기한 미지의 세계를 관찰했다. 그리고 알고 싶었던 것을 즉시 노트에 적어 두었다. 사람이 많이 다니는 아름다운 나가사키의 거리를 지나가면서 신부는 자주 '순교자의 산'을 우러러 보았다. 지금부터 3세기 전 이 산 위에서 무수한 그리스도교 신자가 피로써 신앙을 증명했던 것이다. 이들 순교자보다도 유력한 원조자가 어디 있겠는가?

나가사키의 하야사카 주교는 멀리 '포란도'에서 새로 건너온 선교사들의 의향을 듣고 미소를 지었다. 빈약한 자금을 가지고 잡지를 발행하려는 계획은 몽상으로밖에 생각되지 않았을 것이다. 그러나 막시밀리안 신부가 신학과 철학의 박사 학위를 가지고 있다는 것을 듣고 즉시 신학교의 강의를 의뢰했다. 신부는 이 기회를 놓치지 않았다.

"알았습니다. 그러나 주교님, 조건이 하나 있습니다. 잡지의 발행을 허락해 주시겠습니까?"

주교는 당황해하면서 신부를 바라보았다. 일견 초라해 보이는 이 선교사의 결의는 자못 굳었다. 신부에게 기회를 주는 것도 무의미하지는 않다고 생각한 주교는 큰 소리로 대답했다.

"좋습니다. 해보시오."

일행은 4월 24일에 상륙했는데 5월 24일 막시밀리안 신부는 니에포칼라누프로 다음과 같은 내용의 전보를 보냈다.

「오늘 창간호 보낸다. 인쇄소도 설치했다. 원죄 없으신 성모 만세! 막시밀리안.」

이 전보를 되풀이해 읽으면서 '작은 형제들'은 놀란 나머지 서로 얼굴만 바라보았다. 아무리 믿으려 해도 그런 성공은 꿈으로밖에 생각되지 않았던 것이다.

'불가능'이란 말을 자기 어휘에서 원칙적으로 말살해 버린 이 이상한 인물은 도대체 어떤 방법을 썼던 것일까?

그는 먼저 두 가지의 위대한 '수단', 즉 기도와 고행을 사용했다. 이 경우 고행은 특히 극단적이고 완전한 청빈을 실행하는 것이었다. 이 청빈에 의해서 '친애하는 이교도'의 불신을 씻고 단숨에 그들의 마음을 사로잡을 수 있었다. 일본 사람은 고귀한 사업을 위해 자신을 완전히 포기하는 사람에 대해 아주 민감하다. 그들은 궁핍을 달게 참아 받을 줄 아는데, 외국인의 이상을 평가할 때에도 그 이상을 위해 어느 정도의 궁핍을 그 외국인이 견디어나갈 수 있는가를 본다.

음식도 수면도 제대로 취하지 않고 거의 한데서 노숙하면서도 다만 그들 눈 안에서 빛나고 있고 그들 음성 속에서 울려퍼지고 있는 그 충만한 기쁨을 분배하는 일밖에 원하지 않는 선교사들을 보고 이욕(利欲)을 위해 건너온 사람들이 아님을 일본인들은 깨달았을 것이다.

그래서 처음부터 수많은 독지가들의 협력을 받았다. 그 가운데에는 신교도들도 섞여 있었다. 막시밀리안 신부가 라틴어나 이탈리아 어로 쓴 원고를 일본어로 번역하는 일에 최초로 협력한 사람이 선량한 일본인 감리교 신자였다는 사실은 주목할 만한 일이다. 그런데 이 사람은 그 후 개종했다.

신부는 늘 그랬듯이 웅대한 구상을 하고 모든 선의의 사람들의 협력을 청하면서 그 밖의 일은 원죄 없으신 성모께 맡겼다.

그들은 먼저 인쇄기부터 샀다(신부의 편지에 의하면 그 인쇄기는 아주 고물로서 완전히 녹슬어 있었고 손으로 돌려야 했으며 기계를 다룰 때 손이 온통 피투성이가 되었다 한다.). 일본어로 번역한 원고를 조판하는

데는 폴란드에서보다 일이 훨씬 많았다. 가엾은 수사들은 1천 개가 넘는 한자의 정글 속에서 분투하지 않으면 안 되었다. 잡지의 제호를 번역하는 데도 고심이 많았다. 서로의 문화가 달라 그 뜻을 전달할 수 있는 적당한 말을 찾기 힘들었던 것이다. 마침내 「원죄 없으신 성모의 기사(無原罪の聖母の騎士)」라 정했다.

수사들은 지붕에 구멍이 난 초라한 판잣집에서 생활했다.

"어젯밤에는 눈이 내렸습니다. 굉장한 폭설이었습니다. 눈이 우리들 머리에도 내려 몸을 가리기 위해서는 담요를 푹 뒤집어 써야 했습니다. 아침에 일어나 보니 '침실'은 온통 은세계로 되어 있었습니다…."

물론 식사 준비도 한데서 했다.

"냄비에 비가 들이칩니다…."

일본 음식은 신부에게 질색이었다. 신부는 일본의 특별한 음식에 익숙해지려고 노력했지만 헛수고였다. 신부가 뒷날 선교사를 기다리고 있는 괴로움에 대해 말했을 때 맨먼저 이 나라의 음식을 들 정도였다.

막시밀리안 신부는 극도의 피로를 느꼈다. 격심한 두통으로 괴로워했고 심한 열로 들볶였다. 눈은 수면 부족으로 새빨갛게 충혈되었다. 엎친 데 덮치는 격으로 위장에 맞지 않는 음식 탓인지 괴상한 종기가 돋아 끔찍하게 곪는 바람에 보행조차 곤란해졌다. 한쪽 발로밖에 설 수가 없어 미사 중에는 수사 두 사람이 신부를 부축했다. 어느 날 힘이 빠져 길 위에 쓰러졌는데 수사 한 사람이 그를 발견할 때까지 움직이지 못했다.

그렇지만 신부는 꺾이지 않고 전진했다. 시련에 부딪쳐 좌절하는 대신 오히려 박차를 가하는 것이었다. 참으로 이 불굴의 정력을 이해하기 위해서는 그 근원을 찾아 성인들의 학문에까지 도달하지 않으면 안 된다.

이 무렵 신부는 어떤 편지 속에서 새로운 '침입'에 관한 계획을 이렇게 말했다.

「우리들의 사업이 일본에 단단히 뿌리를 박으면, 인도로 건너가 사업을 벌이고 다음에 아라비아 인들을 위해 베이루트로 건너갈 예정입니다. 터키 어, 이란 어, 아라비아 어, 히브리 어로도 잡지를 발행하고 싶습니다. 그러면 성모의 기사회의 활동은 10억의 독자, 즉 지구 주민의 반에 미치는 것입니다.」

현재로서는 출판 부수가 1만 부에 지나지 않는다. 무보수 판매원들은 전국을 순회하여 미래의 독자를 포섭했으며 잡지를 무료로 배부하고 그 대신에 명단을 받아 두었다. 일본인은 비교적 예의바른 국민이었다. 사생활에 간섭받기를 싫어하는 그들은 광고를 우송할 때에도 반드시 수취인의 허락을 미리 받아야만 한다.

잡지는 동정적인, 때로는 열광적인 환영을 받았다. 막시밀리안 신부는 항상 날카로운 관찰력으로써 잘못된 점을 즉각 간파했다. 영혼의 공허감은 충족되어야 하고 마음의 번민은 의사를 필요로 한다. 그는 부르짖었다.

"우리 그리스도인 모두가 신앙에 의해 살지 않는다면 어떻게 풍성한 수확을 거둘 수 있겠습니까? 그들의 마음을 감동시키는 것은 말이 아니라 표양입니다."

어떤 방법으로 했는지는 잘 알 수 없지만 어쨌든 접촉이 행해졌다. 극도의 궁핍 중에 있으면서도 아주 쾌활하고 사리사욕을 절대적으로 피했던 폴란드의 수사들은 그들이 접촉한 사람들의 흥미를 자아내게 하여 그들을 감동시키고 매혹시켰다. 겉으로 봐서는 초라하기 짝이 없었으나 내용은 알찬 그 작은 잡지가 뒷받침을 해주었던 것이다. 원죄 없으신 성모님은 자석을 갖고 계신다. 일본의 이교도들은 성모를 존경했고 성모에 대한 사랑을 배웠다. 정열적으로 완전하게 성모께 봉헌한 이들 외국인의 표양이 전염되지 않을 리 없는 것이다. 사물을 아주 예민하게 관찰하는 일본인들은 이토록 위대한 영웅적 행위의 근원을 확실히 알아 내려고 애썼다.

필자의 눈 앞에는 '불교 승려들에 둘러싸인 신부'라고 설명이 붙은 사진이 하나 있다. 신부의 여위었지만 미소짓는 얼굴이, 내심을 알 수 없는 승려들 속에서 뚜렷이 드러난다. 승려들은 호기심에 이끌려 모인 것일까, 아니면 항거할 수 없는 성성의 매력에 끌린 것일까? 신부는 장시간에 걸쳐 그들에게 그리스도교의 진리를 설명했다. 어느 날 승려 중 한 사람이 성모의 기사를 사랑하지 않는 자는 이제부터 자기 사원에 받아주지 않겠다고 선언했다 한다.

막시밀리안 신부가 일본에 도착한 지 겨우 수 개월 뒤 라부프에서 개최되는 관구 총회에 참석하라는 통지를 받았다. 신부는 몹시 번민하면서도 늘 그랬듯이 순명하고 출발했다. 신부가 없으면 이 대사업을 유지할 수 있는 사람은 아무도 없을 것이다.

총회에서는 일본 니에포칼라누프의 장래 문제도 논의되었다. 부담이 너무 많은 이런 미치광이 같은 모험을 시도하는 게 현명한 짓이냐는 것이다. 막시밀리안 신부는 그의 독특한 전법을 썼다. 즉 자기 의견을 독특한 정열을 다해 마음에서 넘쳐 흐르는 대로 말한 후 입을 다물고 눈을 감은 채 수단 밑에 손을 찌르고 기다렸다.

이런 태도는 신부가 잘 취했던 태도임을 누구나 알고 있다. 그러나 신부는 회중시계를 넣는 포켓에 몰래 넣어 둔 묵주를 쥐고 장상들이 의논하고 있는 동안 무수히 성모송을 염하면서 일본 선교의 운명을 위해 성모님께 매달렸다.

"어머니, 제가 할 수 있는 것은 모두 했습니다. 이제는 어머니 차례입니다."

과연 신부의 주장은 전면적으로 받아들여져 엄청난 권한을 부여받고 일본으로 돌아왔다. 이번에는 대륙을 경유해서 시베리아를 횡단하며 여행했다. 신을 공공연히 추방한 이 광대한 국토를 눈으로 본 신부의 감개는 어떠했을까?

신부는 물론 가장 가난한 사람들과 함께 3등 열차로 여행했다. 기나긴 여정에서 큰 역에 도착할 때마다 여객들은 저 유명한 키피아토크(역자주·뜨거운 물이 나오는 역 구내의 스팀 파이프)를 향해 몰려갔다. 이것이 차를 끓이고자 할 때 손쉽게 구할 수 있는 유일한 더운 물이었던 것이다. 혼잡한 초만원의 객석에서 여러 가지 관찰을 하고 숨김 없는 이야기들을 듣기란 쉬운 일이었다.

모스크바에서는 오랫동안 정차했다. 막시밀리안 신부가 새로운 종교의 최대 예언자 중 한 사람의 유해를 넣어 둔 어둡고 비극적인 묘소를 찾아갔을까? 레닌과의 대면을 수락했을까? 겸손하고 자그마한, 변변찮은 신부가 손을 수단 밑에 넣은 채 불꽃에 휩싸이듯 화려한 장막에 둘러싸여 쓰라린 웃음을 짓는 석상의 주인 — 이 위인의 영혼의 안식을 위해 기도하는 모습이 눈에 보이는 듯하다.

여러해 전부터 러시아는 신부의 머릿속에서 떠나지 않았다. 신부가 사나토리움에 있을 때 장의자에 앉아 쉬는 긴 시간 동안 열심히 러시아 어를 공부했다. 그 후는 늘 러시아에서 출판되는 무신론 문학에 주목하여 이런 서적을 자기 방 특별한 상자 안에 자물쇠를 채워 보관하고 있었다. 신부의 평생 소원은 러시아 어의 잡지를 발간하는 것이었다. 전쟁 직전 그의 만년에 신부는 이런 말을 한 적이 있다.

"언젠가는 원죄 없으신 성모상이 모스크바의 중심 크레믈린 꼭대기에 세워지는 걸 볼 것이다."

침착하게 확신이 담긴 어조로 말한 이 말은 많은 증인이 들은 바였다. 그러나 '7인의 창립자' 중 한 사람인 피냘베리 신부만은 다음과 같은 솔직한 이야기를 써 두고 있다.

"그날이 오기 전에 우리는 피의 시련을 겪지 않으면 안 된다."

일본에 돌아온 신부는 그의 부재중에 입은 피해를 보고 기가 막히지 않을 수 없었다. 사업은 파국 일보 전이었고 1개월 전부터 잡지의 발행은 정지되어 언제 복간될지 모르는 상태였다.

그러나 그의 도착은 모든 것을 구원했고 사업은 새로운 비약을 맞게 되었다. 관구 총회는 니에포칼라누프 일본 지부를 창립하는 일과 일본인 수사 양성을 위해 수련원을 개설할 것을 허락했다. 따라서 한시 바삐 수도원을 세우지 않으면 안 되었다.

신부는 나가사키 변두리의 도시를 등지고 있는 급경사의 땅을 샀다. 이것을 보고 모두 비난했다. 그런 장소에 집을 세울 수 없다, 왜 도시를 등지는가 등등의 비난이었다. 신부는 미소지을 뿐 고집을 꺾지 않았다.

원자폭탄의 재난 속에서도 '원죄 없으신 성모의 마을'은 산에 가려져 있었기 때문에 거의 피해를 입지 않았다. 다만 유리창이 좀 깨졌을 뿐이다. 수도원 구내에 있던 사람은 한 사람도 죽지 않았다. 그때야 비로소 사람들은 깨닫는 바가 있었다.

물론 신부는 모든 것을 혼자 힘으로 건설하지 않으면 안 되었다. 참으로 어려운 기간이었다. 막시밀리안 신부의 협력자 중에는 신부만한 인물, 신부만한 열정을 가지고 헌신하는 사람이 없었다. 실망하고, 향수병에 걸려 귀국을 원하는 사람이 많았다. 선교사가 되고 싶다면서도 다른 장소에서 선교하기를 바라는 것이었다. 솔직히 말해서 막시밀리안 신부가 경이적인 사업을 행하였다 해도 쉽게 해냈던 것이 아니다.

매일의 생활은 그의 신앙에 대한 끔찍한 시련이었다. 그는 거의 항상 모든 사람들의 희망과 반대되는 것을 희망하지 않으면 안 되었기 때문이다. 이 수년 동안 써보낸 비통한 편지는 이 사실을 잘 말해 준다. 신부는 조금도 분노의 표정으로 보이지 않고 거룩한 순종의 이름으로 불충실한 수사들의 거부 행위, 배신 행위, 비열한 행위들을 관구장에게 보고했다.

다행히 다른 부류의 사람들도 있었다. 하느님의 사업에는 감동적인 도태가 일어난다. 한 사람이 실망해서 도망치면 다른 두 사람이 '전선'에 등장했다. 가장 순수한 영웅적 행위의 조용한 방패가 많은 비겁한 행위와 대결했다. 수도원은 여러 가지 난점을 극복하여 건설되고 잡지의 발행 부수도 증가되어 '친애하는 이교도들'은 더욱 수가 많아졌다.

그 중 어떤 사람은 감동적인 편지를 보내 주었다. 그리스도의 메시지에 대한 한 일본인 영혼의 무한한 노스탤지어를 보여 주는 이 감격적인 편지는 언젠가 전부 정리되어 출판돼야 할 것이다. 다음에 그 일부를 소개한다.

「제게 「성모의 기사」를 보내 주셔서 감사합니다. 반갑게 읽고 있습니다. 또 친절한 편지에 대해서도 감사드립니다. 저는 얼마 전부터 병으로 누워 있습니다. 그러나 이 잡지를 구독하고 있는 친구로부터 천주교에 관한 이야기를 들은 뒤부터 저의 고통을 잊고 있습니다.」
— 이노하하 마모에

「원죄 없으신 성모의 마을에서 하느님의 영광을 위해 일하고, 성모님께 대한 사랑을 넓혀 가는 것은 정말 큰 즐거움이라 생각합니다. 저는 부모님들의 반대로 아직 세례는 받지 못했습니다. 얼마 전 홋카이도에 갔을 때 친구 한 사람을 만났습니다. 그는 가나쓰라고 불렸는데 M.I.의 회원이고 「성모의 기사」의 독자였습니다. 저는 그의 아름다운 영혼을 알 수 있게 되었고 오사카의 주임 신부님도 이 사람을 매우 칭찬했습니다.

저는 1년 전에 오사카에서 돌아왔습니다. 가나쓰 씨는 1933년 2월에 죽었는데 죽음에 대한 그의 준비는 참으로 훌륭했습니다. 하느님과 원죄 없으신 성모께 대한 그의 신뢰는 저를 감동시켰습니다.

죽음이 가까왔다고 느껴지자 그는 집에서는 노자성체(路資聖體)도 병자의 성사도 받을 수 없음을 알고 교회로 가서 거기서 성사를 받았습니다. 이런 용기는 누구나 가질 수 있는 것은 아닙니다. 임종 때 그의 곁에는 아버지도 어머니도 없었고 다만 신부님과 간호원뿐이었습니다.
 가나쓰 씨는 성모님을 깊이 사랑하여 그분의 중재를 자주 원했습니다. 저에게도 그분을 사랑하라고 권했고 끊임없이 "성모님께 기도하세요, 성모님께 기도하세요, 성모님께 기도하세요."라고 되풀이했습니다. 그래서 저는 그의 가르침에 따르려고 애쓰고 있고 다른 사람들에게도 그렇게 하라고 권하고 있습니다.」　　　　　　― N. 마사코

「만약 여러분들이 일본에 오시지 않았다면 나는 아직 외교인이었을 것입니다.」　　　　　　　　　　　　　　　― 아마키

 또 다음과 같은 감동적인 개종담이 있다.

「어느 날 우연히 귀지(貴誌) 한 권을 손에 넣어 마다가스카르 나환자들 사이에서 일하고 있는 수녀의 이야기를 읽었습니다. 병원을 방문한 한 미국인이 그녀에게 "1만 달러를 준다 해도 여기서 일하고 싶지 않다."라고 말하자 그 수녀는 "나는 10만 달러를 줘도 안 하겠습니다. 나는 다만 하느님에 대한 사랑 때문에 일하는 것입니다."라고 답했다 합니다.
 저는 이 이야기에서 깊은 감명을 받았습니다. 저는 곰곰이 생각하기 시작했습니다. 이때부터 귀지를 정기적으로 받았습니다. 그리고 주의 깊게 읽으면서 인간이 죄를 범하더라도 그것을 뉘우치고 성모님의 중재로 하느님께 용서를 청하면 하느님은 그를 용서해 주신다는 것을 알았습니다.
 저는 전에는 사람을 죽이지만 않으면 지옥에 가지 않는다고 생각했

습니다. 그러나 이제「성모의 기사」를 읽고, 그것만으로는 충분하지 않으며 신앙을 가지고 기도해야 한다는 것을 알았습니다. 이 잡지를 읽으면서 저는 조금씩 배워, 작년 10월에 세례를 받고 데레사라는 이름을 얻을 수 있었습니다. 저는 지금 하느님의 자녀가 된 것을 기뻐하고 있습니다.」

요컨대「성모의 기사」는 실화와 이야기를 섞어 그리스도교 교의를 설명하는 임무를 다한 것이다. 이 잡지가 그렇게 기록적으로 발행 부수가 증가된 것은 사람들을 그만큼 감동시켰다는 증거가 된다. 성모님은 어떤 자물쇠도 다 열 수 있는 가장 좋은 '곁쇠'가 아니겠는가?

일본에 니에포칼라누프를 설치한 지 2년 뒤인 1931년 막시밀리안 신부는 인도에 새로운 니에포칼라누프를 설치하기 위해 출발했다. 극도의 피로와 심한 열병으로 쇠약했으나 개의하지 않았다. 그의 경험은 그로 하여금 '하느님의 사업은 십자가에 의해서만 이루어진다.'는 것을 깨닫게 하지 않았던가? 여행 중에 신부는 다음과 같이 썼다.

「나는 성모님이 우리들 한 사람 한 사람에게 필요한 은총과 당신 계획을 성취하기에 충분한 은총을 주신다고 믿는다. 따라서… 그러나 함부로 말하지 않겠다. 어디서나 성모님을 영광되게 하고 현대적 기술의 모든 산물을 준비해 둔 '니에포칼라누프' 지부가 모든 나라에서 설립될 것임을 나는 믿는다. … 꾸물거릴 수 없다. 빨리 가야지.」

싱가포르에 기항한 막시밀리안 신부는 말레이시아 어 잡지를 발간할 계획을 세우고 그 기초작업을 시작했다.

그리고 다시 인도에 도착하자 신부는 가톨릭 대주교가 있는 에르나쿨람으로 향했다. 대주교는 쌀쌀하고 경계하는 태도로 그를 맞이했다. '이 외국인은 우리에게 무엇을 원하는 것일까?'라고 생각하는 듯했다. 신부는 기도하기 시작했다. 리지외의 성녀 데레사에게 매달렸다. 로마에 있을 때 신부가 성녀와 계약을 맺기를, 신부는 매일 성녀의 시성을 위해 기도하고 그 대신 성녀는 자기 사업의 보호자가 되어 주십사 하지 않았던가? 대주교관의 복도에 세워 둔 성녀상 앞에 선 신부는 성녀에게 말했다.
"작은 자매여, 기억하고 계십니까?"
다음은 이 때의 일을 신부가 쓴 친필 서간의 일절이다.

「즉시 한 송이의 장미꽃이 내 발 아래 떨어졌습니다. 별게 아니라 꽃잎이 꽃병으로부터 성녀상 아래로 떨어졌을 뿐입니다. 그러나 나는 어떤 인상을 받아 무슨 의미가 있는 것이라고 생각했습니다.」

막시밀리안 신부의 편지는 처음부터 끝까지 이런 순진성이 넘쳐 흐른다. 신부는 이야기할 때나 편지를 쓸 때 자기의 생각을 아주 정확히 표현하고 있다. 그 때문에 적을 만들고 많은 오해도 받았다. 신부는 항상 초자연의 공기를 호흡하고 있었기 때문에 이해를 받지 못했던 것이다. 신부처럼 성인에게나, 특히 성모 마리아에게 이야기하는 버릇은 일반인으로서는 도저히 납득할 수 없는 것이다.
신부는 산 사람을 대하듯 어색하지 않게 성인들을 상대했다. 신부는 위대한 현실주의자였으면서도 그 현실주의가 이 세상의 것은 아니었다. 아마도 그렇기 때문에 신부는 존재와 사물을 초월하는 강한 힘을 갖고 있었으리라.

작은 성녀 데레사는 계약을 지켰다. 인도 교회 당국과의 사이에 도사리고 있던 여러 가지 난점은 '기적적으로' 극복되고 에르나쿨람 대주교는 콘베투알 성 프란치스코회 총장에게 라틴어로 된 훌륭한 편지를 보내어 폴란드 선교사들을 공식적으로 초청했다.

불행히도 그 준비에는 많은 어려움이 있었다. 막시밀리안 신부가 그 자리에 없었기 때문에 진행이 순조롭지 못했고 지평선 위에는 어두운 구름이 감돌아 사람들은 때만 기다리고 있었다. 그러는 중에 전쟁이 일어나 오늘날까지 폴란드의 프란치스코회 수사들은 이 초청에 응할 수 없게 되었다. 작은 성녀 데레사가 형제인 '기사'에게 귀여운 제스처로 던져 준 저 장미꽃은 아직 실현되지 못했으나 이제 두 사람 모두 다 천상에서 '양손으로' 선교사들을 위해 일하고 있는 것이다.

사명을 마치고 목적을 이룬 신부는 일본 '성모의 마을'로 돌아와 교회를 짓고 다시 잡지를 발전시켰다. 일본인 지원자도 나타나고 개종자들도 수없이 많아졌다. 수사들은 차차 도태되어, 남은 사람들은 모두 '성모께 미친 사람들'이었다. 이 말은 막시밀리안 신부가 어떤 편지 속에서 말한 것으로 그들에게 주어진 가장 아름다운 증언이다.

너무 많은 일을 한 탓으로 신부는 건강을 심하게 해쳤다. 그래서 1936년 폴란드로 돌아와 관구 총회에서 니에포칼라누프의 원장에 선출되었다. 누가 무어라 해도 이것은 신부에게 큰 타격이었다. 신부의 마음은 그 '친애하는 이교도'의 곁을 떠날 수가 없었다. 신부는 언젠가 이 나라에서, 갈망하던 순교의 관을 받기를 간절히 바라고 있었던 것이다.

그러나 신부는 아무런 불평도 말하지 않았다. 지금이야말로 영웅적

순명을 지킬 때다. 원죄 없으신 성모님은 장상의 입을 통해 이야기하신다. 이해할 수 없기 때문에 오히려 훌륭한 순명이 되는 것이다. 신부는 '마음으로 전혀 알 수 없는 것'으로써 만족했다.
  막시밀리안 신부여, 안심하라! 더 아름다운 싸움이 당신을 기다리고 있다.

죽음을 앞두고

폴란드로 돌아온 후 막시밀리안 신부의 강론과 저술에서는 새로운 특색이 발견된다. 재난이 다가온다는 예감과 자신의 최후가 왔다는 예감이 그것이다.

남아 있는 시간, 이 귀중한 시간을 최대한 활용하지 않으면 안 된다. 신부는 초인적인 노력을 했다. 머뭇거릴 틈이 없다. 그는 '구두쇠'처럼 시간을 '사들이고' 싶어했다. 전쟁 전 3년 동안 신부의 모든 사업은 눈이 어지러울 정도로 비약적인 발전을 거두었다. 그러나 신부가 이만큼 영성의 중대함을 강조한 시기는 없었다. 신부는 '사랑하는 작은 자녀들'에게 덧없는 물질적 성공에 대해 경계할 것을 당부했다. 물질적 성공이란 넘쳐 흐르는 내적 생명을 동반하지 않는다면 아무것도 아닌 무가치한 것이기 때문이다.

이것이 신부가 거둔 성공의 비결이었다. 신부는 경이로운 실천가로서 가장 우수한 전문가를 능가하는 비상한 실업가였지만 결코 능률이나 통계, 숫자 등의 함정에 걸려들지 않았다. 신부는 잠시도 방심하지 않고 계속 일하면서 '우리들의 시대에 대한 하느님의 양도할 수 없는 권리'를 단호히 지켰으며 그 노력의 맏물을 하느님께 봉헌했고 또 봉헌할 것을 사람들에게 요구했다.

니에포칼라누프를 방문한 사람은 강력한 윤전기와 이 공업 도시의 굉장한 능률보다도 그 기도와 침묵의 분위기에 더 깊은 감명을 받는다. 여기서는 모든 행동이 매 순간마다 사랑의 의향에 의해 지배되고 축성되는 것 같은 느낌이 든다. 여기서 일하는 노동자들은 기계와 도구와 함께 하느님과 자비로우신 어머니를 찬미하기 위해 불리운 것이다. 모든 것이 전례로 돼버린 것이다.

중요한 것은 양이 아니라 질이다. 막시밀리안 신부는 항상 이 점을 강조했다. 어느 날 신부는 '이 작은 양들을 시험해' 보려고 질문을 던졌다.

"이 다음 번에 우리가 해야 할 일은 무엇입니까?"

신부는 이런 식으로 그들의 의견을 구하는 습관이 있었다. 신부는 뛰어난 지도자였지만 독재자 같은 점은 조금도 없었고 오히려 참된 순종은 자유를 축복하는 것임을 잘 알고 있었다.

수사 한 사람이 우렁차게 대답했다.

"능률을 두 배로 올리는 일입니다."

또 다른 사람이 답했다.

"각자가 자기를 성장시킨다면 능률을 두 배로 할 수 있다고 생각합니다."

이 말을 듣고 신부는 몹시 기뻐하며 말했다.

"아주 잘 말했습니다. 여러분이 질적으로 완성된다면 양은 충분히 증가될 것입니다."

또 어느 때 수사들이 신부에게 물었다.

"신부님, 니에포칼라누프의 참된 발전이란 무엇인지 저희에게 가르쳐 주십시오."
즉시 신부는 대답했다.
"부지의 확장도, 새로운 큰 건물의 설립도 발전의 증거라고 할 수 없습니다. 가령 최신형의 기계를 비치하고 각종 진보된 기술과 현대 과학의 모든 발명품을 사용할 수 있게 되어도 아직 참된 발전이라고는 말할 수 없습니다. 우리들의 잡지가 두 배로 커지고 발행 부수가 세 배가 된다 해도 그것이 참된 발전의 증거는 아닐 것입니다.

발전이라고 말하기 위해서는 무엇이 필요합니까? 니에포칼라누프의 참된 진보는 어디에 있는 것입니까? 요컨대 니에포칼라누프는 우리들의 눈에 보이는 외면적 활동, 부지, 또는 봉쇄 구역의 외부에 있는 것이 아니라 우리들의 영혼 속에 있습니다. 그 밖의 것은 학문까지도 제2차적인 것입니다. 영적인 발전이 아니면 아무것도 발전했다고 할 수 없습니다.

따라서 우리들의 사업을 정지시켜야 한다 하더라도, 기사회의 모든 회원이 우리를 떠나가 버린다 하더라도, 우리가 가을 바람에 흩어지는 나뭇잎처럼 분산되지 않으면 안 된다 하더라도 우리들의 영혼 속에 니에포칼라누프의 이상이 계속 꽃피고 있다면 우리들은 발전하고 있는 것입니다…."

막시밀리안 신부는 오래 전부터, 특히 일본에서 돌아온 이후, 심한 박해가 있을 것을 예언했다. 주목해야 할 것은 신부가 이 박해를 시련으로 봄과 동시에 우리 자신의 '등한함'에서 오는 죄의 벌이라고 생각하고 있었던 점이다. 나가사키에 있을 때 쓴 글 중에 라틴어로 된 것이 있다. 묵상할 만한 말이라고 생각한다. 이 글은 가톨릭 활동단체의 각 사무소에 붙여놓을 만한 것인데 그 내용은 이렇다.

「현대의 반종교 운동과 그 방식, 실현 등을 연구하지 않으면 안 된다. 특히 그 가운데 있는 좋은 것과 나쁜 것을 구별하지 않으면 안 된다. 왜냐 하면 악의 흐름을 향해 싸우고 이것을 쳐이기는 가장 효과적인 방법은 그것이 포함하고 있는 선량한 부분을 인식해서 즉시 우리들의 진영에 이용하는 것이기 때문이다. 이 점을 등한시한다면 멕시코와 스페인의 경우처럼 한심스런 결과를 불러올 것이다.」

서툰 라틴어 문장을 문제로 삼지는 말자. 불행하게도 우리들의 신학교에서는 키케로를 학살하는 슬픈 습관이 있었는데 산테오도로도 예외가 아니었다. 그렇지만 형식을 문제시하지 말고 깊이있고 정확한 저 빛나는 사상에 유의하자. 막시밀리안 신부는 이 글로써 현대의 가장 큰 병의 가장 아픈 곳을 건드리고 있다. 오류에 의해 도둑맞은 진리의 금덩어리를 왜 제때에 되찾지 못했던가? 어이하여 이것을 아버지의 창고에 간직하지 못했던 것일까?
　물론 이것은 반드시 듣기 좋은 소리일 수는 없는 것이고, 이것을 실행하기란 더욱 어렵다. 우리들은 지나치게 책임을 아는 자의 태도보다는 희생과 순교자의 태도를 좋아하는 것이다.

　최고의 질에까지 도달하려면 어떻게 하면 좋을까? 간단히 말해서 성인이 되면 된다. 이 점에 관해 막시밀리안 신부는 철저했다.

"나는 여러분들이 성인이 될 것을, 그것도 대성인이 될 것을 요구합니다."
"그렇지만 신부님, 그건 너무 지나친 요구가 아닙니까?"
"그렇지 않습니다. 성성은 사치품이 아니라 의무입니다. 먼저 그리스도께서도 '여러분의 아버지께서 완전하신 것같이 여러분도 완전한 사람이 되시오.'라고 말씀하셨습니다. 그러니 어려울 것은 없습니다. 분필을 좀 주십시오."
모두들 놀라 신부를 바라봤다.
신부는 미소지으며 말했다.
"이것은 간단한 수학 문제입니다. 이제 흑판 위에 성성의 공식을 써 보겠습니다. 얼마나 간단한 것인지 알 것입니다."
이렇게 말하며 젊은 청중들이 눈을 휘둥그렇게 뜨고 있는 앞에서 천천히 다음의 공식을 흑판에 썼다.

$$v = V$$

"이것이 나의 공식입니다. 아시겠습니까? 소문자 v는 나의 의지입니다. 대문자 V는 하느님의 의지입니다. 이 두 개가 十자 형으로 교차하면 십자가가 생깁니다. 십자가를 없애려 한다면 여러분들의 의지를 하느님의 의지와 일치시키십시오. 하느님의 의지란 여러분이 거룩해지는 것입니다. 아주 간단하지요. 여러분들이 순종하기만 하면 됩니다."
이 책 처음에서 말한 것처럼 성인들이란 까다로운 사람들이다. 독수리와 한패가 된 불쌍한 게는 아무래도 동정을 받아야 한다. 막시밀리안 신부의 '아주 간단한' 저 '작은 공식'도 신부 자신은 오래 전부터 아주 쉽게 사용해 왔겠지만 실은 가장 위대한 영신 서적의 골자요, 내적 생활의 가장 좋은 비결인 것이다. 가장 위대한 성인들만이 가장 근본적인 이탈에 동의함으로써 '십자가를 없애는 일'에 성공한 것이다. 십자가의 성 요한이 이 구절을 읽는다면 아마도 크게 기뻐할 것이다.

그렇지만 막시밀리안 신부가 자기 생각을 전부 말한 것은 아니다. 우리들이 그것을 추측할 뿐이다.

모든 것은 아주 간단하다. 왜냐 하면 우리들은 절대적으로, 무조건적으로 원죄 없으신 성모님께 속하기 때문이다. 우리들의 성화가 성모님의 사업이다. 극단적으로 말하면 성모님의 전문 분야이다. 성모님은 머리이신 그리스도와 그 지체들의 어머니가 아닌가? 따라서 우리들에 대한 그분의 권리를 받아들이는 사람은 즉시 하느님의 침입을 받아들이는 것이다.

옛날에는 세례를 받을 때 영세 지망자가 "그리스도여, 당신께 동의하나이다."라고 답했는데 이 말은 앞에 써 놓은 글의 의미를 잘 표현하고 있다.

요컨대 원죄 없으신 성모의 이끄심에 완전히 몸을 의탁하는 영혼이 있으면 있을수록 위대한 성인도 있게 되는 것이다. 왜냐 하면 아무리 영웅적인 행위라 하더라도 원죄 없으신 성모의 도우심에 의해서만 이루어질 수 있기 때문이다.

이 강론 중에 신부는 다음과 같이 덧붙여 말했다.

"우리들은 아주 아름다운 표양으로써 어떻게 하면 성모님을 위해 자신을 한없이 희생시킬 수 있는가를 보여 주지 않으면 안 됩니다. 인생은 짧은 것입니다. 우리는 얼마 안 되는 남은 시간을 아끼고 아껴서 활용해야 합니다. 우리들의 완덕의 기준은 무엇이겠습니까?

그것은 무슨 일을 하든지 성모님이 우리 위치에서 해주시리라고 생각하면서 행동하는 것, 그리고 성모님이 하느님을 사랑하신 그 마음으로 하느님을 사랑하는 것, 이것입니다."
이런 것은 물론 책으로 배울 수는 없다. 막시밀리안 신부는 우리들에게 끊임없이 이렇게 말한다.
"이것은 무릎을 꿇지 않고서는 배울 수 없는 것입니다."

막시밀리안 신부는 말보다 표양으로 설교했다. 그의 생애는 끊임없는 기도였다. 수사들이 서툰 붓끝으로 기록한 신선하고 감미로운 '피오레티'가 필자의 수중에 많이 있지만 이것을 이 책에 다 수록할 수 없음이 유감이다.

무언가 중대한 사업을 계획하려 할 경우 어느 부서의 부장이 의견을 구하러 오면 두 사람은 먼저 원죄 없으신 성모상이 모셔져 있는 책상 앞에 무릎을 꿇고 기도했다. 그런 후에야 비로소 기술상의 문제로 옮겨가는 것이다.

「작은 신문」에 대한 싸움이 한창일 때 모략 중상이 비오듯 쏟아지던 어느 날 이 신문의 편집장은 막시밀리안 신부에게 수사 한 사람을 보내어 반박문을 써 달라고 요청했다.

그런데 잠시 후 수사가 가지고 돌아온 종이에는 다음과 같이 적혀 있었다.

「원죄 없으신 성모님의 이끄심에 의탁합시다. 여러분, 유순하게, 침착하게 성모님이 하시는 대로 맡깁시다. 너무 성급하게 행동하면 모든 것을 망쳐 버릴지 모릅니다.」

선전전(宣傳戰)을 개시했을 때에도 신부는 다음과 같이 되풀이하기를 그치지 않았다.

"여러분, 이것은 결코 구독자를 획득하기 위해서가 아니라 영혼을 획득하기 위한 것입니다."

새로운 출판물이 창간될 때마다 적들은 가장 음험한 비난을 퍼부었다. 상식 이하의 것이라느니, 오래 계속되지 못할 것이라느니. 그렇지만 현실 앞에서는 항복할 수밖에 없었다. 폴란드의 어떤 프란치스코회 수사는 이 믿을 수도 상상할 수도 없는 성공을 다음과 같이 설명했다.

"별것 아닙니다. 막시밀리안 신부는 매호 발행하기 전에 이것을 기도로 튼튼히 포장하기 때문입니다. 그러니 잘 돼 나가지 않을 수 없겠지요."

막시밀리안 신부는 최후가 가까웠음을 깨닫고 '작은 자녀들'에게 유언을 남겨야겠다고 생각했다.

주의 공현 주간의 어느 날, 니에포칼라누프에서 폴란드의 오랜 전통을 좇아 유명한 성탄극 '야셀카(Jaselka)'를 공연하기로 했다. 저녁 식사 후 신부는 이렇게 말했다.

"여러분들 중에서 나와 함께 남고 싶은 사람은 이곳에 남아 있어도 좋습니다."

기록 담당 수사는 이렇게 토로하고 있다.

"나는 야셀카를 보러 가고 싶었지만 신부님 옆에 남았습니다."

몇몇 사람들이 신부 주위에 모였다.

"사랑하는 나의 자녀 여러분, 내 옆에 가까이 앉으십시오."

신부의 음성에도 얼굴에도 부드러우면서 엄숙한 그 무엇이 숨겨 있었다. 신부는 말했다.

"사랑하는 여러분, 나는 현재 여러분과 함께 있습니다. 여러분은 나를 사랑하고 있고 나도 여러분을 사랑합니다. 그러나 내가 언제까지나 여기 있지 못하리라는 것을 우리는 알아야 합니다. 나는 죽고 여러분은 살아 있을 것입니다. 떠나기 전에 여러분에게 무언가 말해 두고 싶습니다. … 나는 원죄 없으신 성모님이 원하시는 것밖에 구하지 않았습니다. 성모님의 뜻을 구하는 사람만이 남아서 성모님의 선택하신 사람이 되어 줄 것을 여러분에게 부탁합니다.

여러분은 나를 보호자라고 부릅니다. 옳습니다. 나는 보호자입니다. 여러분은 또 나를 지도자라고 부릅니다. 그것도 옳습니다. 나는 이 출판물의 지도자입니다. 결국 나는 보호자이고 지도자이며 장상입니다. 그러나 그것뿐이겠습니까? 아닙니다. 나는 여러분의 아버지, 참된 아버지입니다. 육친 이상의 아버지입니다. 왜냐 하면 하느님은 육친을 통해 육체적 생명을 주시지만 나를 통해서 여러분은 영적인 생명, 신적인 생명, 수도 성소를 받았기 때문입니다. 여러분, 내 말이 옳습니까?"

"정말 옳습니다, 신부님. 신부님이 없었다면, '기사'가 없었다면, 니에포칼라누프가 없었다면 우리는 아마 수도원에 들어오지 않았을 것입니다."

수사들은 각각 자기 성소의 동기와 신부로부터 받은 은혜에 관해 말하기 시작했다.

신부는 그들의 이야기를 미소지으며 듣고 있다가 말을 계속했다.

"따라서 나는 실제로 여러분의 아버지입니다. 여러분과 허물 없이 이야기하는 것도 바로 그 때문입니다. 여러분들은 나의 친자식들입니다."

잠시 침묵이 흘렀다. 막시밀리안 신부는 버릇대로 양손을 수단 밑으로 넣었다. 마치 무엇인가 놀란 만큼 훌륭한 것을 그 아래 감추어 둔 것처럼. 그리고 '아주 수줍어하며' 이야기를 시작했다.

"여러분, 여러분들은 내가 여러분들보다 나이가 더 많아 항상 여러분과 함께 여기 있지 못할 것을 잘 알 것입니다. 그래서 나는 여러분들에게 무언가 말해 두고 싶습니다. 말해도 좋겠습니까?"

"아, 물론이지요, 신부님. 말씀하십시오."

그들은 더욱 신부에게 가까이 모여 들었다.

신부는 감동된 어조로 말하기 시작했다.

"여러분, 내가 얼마나 행복한지 여러분은 잘 알 것입니다. 나의 마음은 행복과 평화로 넘쳐 흐릅니다. 이 세상에서는 이 이상의 행복과 평화를 즐길 수 없으리라 믿습니다. 매일 고통과 걱정으로 괴로워하면서도 내 마음 한 구석에는 항상 사람의 말로는 설명할 수 없는 이 평화와 기쁨이 머물러 있습니다."

그는 잠시 입을 다물었다가 아주 낮은 목소리로 다시 말을 이었다. "여러분, 원죄 없으신 성모님을 사랑하십시오. 원죄 없으신 성모님을 사랑하십시오. 원죄 없으신 성모님을 사랑하십시오. 성모님은 여러분을 행복하게 해주실 것입니다. 성모님을 신뢰하십시오. 완전히, 아무 제한 없이 성모님께 몸을 맡기십시오. 성모님을 이해할 수 있는 은혜는 아무나 가질 수 있는 것이 아닙니다. 다만 무릎을 꿇고 기도하는 사람에게만 이 은혜를 주시는 것입니다. 원죄 없으신 성모님은 하느님의 어머님이십니다. '하느님의 어머님'이란 말이 무엇을 의미하는지 여러분은 이해하고 있습니까? 성모님은 진실로, 현실적으로 하느님의 어머님이십니다. 다만 성령께서 원하시는 사람에게만 그 정배를 이해할 수 있게 해주십니다. … 나는 이 밖에도 말하고 싶은 게 있지만 이것으로 충분하지 않겠습니까?"

그리고는 신부는 무엇을 두려워하듯 수사들을 바라보았다. 수사들은 모두 다 이야기해 주십사고, 아무것도 숨기지 마십사고 탄원하고 요청하기 시작했다. 그러자 신부는 이야기를 계속했다.

"여러분, 나는 아까 내 자신이 아주 행복하고 나의 영혼이 기쁨에 넘쳐 흐르고 있다고 했는데 그 까닭을 아시겠습니까? 그것은 나에게 천국이 확실히 약속되어 있기 때문입니다. 아아, 여러분, 원죄 없으신 성모님을 사랑하십시오, 원죄 없으신 성모님을 사랑하십시오, 원죄 없으신 성모님을 사랑하십시오."

신부는 깊은 감동에 사로잡혀 두 눈에서 눈물이 솟아 끊임없이 흘러내렸다. 잠시 동안 아무도 감히 깨뜨릴 수 없는 침묵이 흘렀다. 그 후 신부는 말했다.

"자, 여러분, 이것으로 충분합니다."

그러자 수사들은 다시 간청했다.

"신부님, 제발 더 이야기해 주십시오. 아마 이런 기회는 두 번 다시 없을 것입니다."

신부는 잠시 주저하다가 이윽고 입을 열었다.

"그렇게 듣고 싶다면 한 가지 더 이야기하겠습니다. 그것은 일본에 있을 때의 일이었습니다. … 이 이상 더 이야기하지 않겠습니다. 더 조르지 마십시오."

수사들은 비밀을 좀더 알려 달라고 간청했지만 헛수고였다. 신부는 깊은 생각에 잠기며 침묵을 지켰다. 그리고 수사들이 조용해지자 그들에게 '아주 자애스럽게' 말했다.

"내가 비밀을 털어 놓은 것은 그것이 여러분을 기다리고 있는 시련에 대해 힘이 되고 버팀돌이 될 것이기 때문입니다. 고통과 유혹을 만나면 여러분들은 아마 실망해 버리고 말 것입니다. 그럴 때 내가 여러분에게 이야기한 것을 생각해서 가장 위대한 희생, 즉 원죄 없으신 성모님께서 여러분에게 요구하시려는 모든 것을 성취하겠다는 각오를 가지십시오….

여러분, 특별한 것을 바라지 마십시오. 다만 원죄 없으신 성모님의 뜻, 곧 하느님의 뜻을 다할 것을 바라십시오…."

그리고 그들과 헤어지기 전에 다시 다음과 같은 말을 했다.

"내가 살아 있는 동안은 지금 여러분에게 고백한 것을 아무에게도 이야기하지 마십시오."

그의 목소리에는 아주 강한 부탁이 서려 있었으므로 수사들은 모두 그것을 약속했다.

"일본에 있을 때의 일이었습니다. … 나에게 천국이 확실히 약속되어 있습니다. 나는 지극히 행복하고 내 마음은 평화와 기쁨으로 넘쳐 흐릅니다."

막시밀리안 신부여, 당신은 당신 어머니에게 두 개의 관의 비밀을 억지로 고백한 이후 이만큼 비밀을 밝힌 적이 없다. 밤의 고백은 아침의 고백을 완성하는 법이다. 당신이 이만큼 명백하게 고백한 것을 이해하지 못하는 사람이 있다면 그 사람은 어지간히도 남의 마음을 알아채지 못하는 사람일 것이다.

'성실하신 동정녀'께서 겸손한 당신을 끝까지 굳게 붙들어 주시리라는 것을 확신시켜 주기 위해 몸소 당신에게 이것을 이야기해 주셨음이 틀림없다. 그리고 당신이 말하려 하지 않았던 '나머지 부분'은 분명 순교의 약속에 대한 확신이 아니겠는가?

이 고백의 증인이 된 수사들도 처음에는 이 놀라운 계시의 전모를 이해하지 못했으리라 믿는다. 그들은 오랜 시간이 흐른 후에야 조금씩 이것을 이해하게 된 것이다.

세계 대전이 가까워 옴에 따라 신부의 훈계는 점점 더 절실해졌고 그 암시는 더욱 명백해졌다. 1938년 초 신부는 확실히 전쟁이 일어나며 그것도 아주 절박해 있다고 말했으나 유럽에서는 아무도 이것을 믿지 않았다. 신부는 수사들에게 전쟁에 대비하도록 하고 싶었다. 그래서 신부의 강론 요점은 항상 "무슨 일이 일어나더라도 모두 우리들에게 유익하다."라는 것이었다.

"왜냐 하면 우리들은 어느 누구도, 무엇도 우리를 해칠 수 없는 상태에 있기 때문입니다. 내적, 외적 고통은 우리를 성화시키는 데 도움이 될 뿐입니다. 우리들은 원죄 없으신 성모님을 위해 무엇이라도 할 각오가 되어 있지 않습니까? 누가 우리를 죽인다고 가정합시다. 이것이야말로 천국으로 가는 무료 여행권이 아니겠습니까? 우리들은 사형 집행관에게 감사해야 할 것이고, 이 감사를 나타내기 위해 천국에 계신 원죄 없으신 성모님께로부터 그들이 회개할 은혜를 얻어 주어야 합니다. 요컨대 우리는 무적인 셈입니다.

우리의 모든 피로써 우리의 신앙을 맹세할 수 있음이 우리들에게는 최대의 영광이 아니겠습니까? 충실한 봉사의 대가로 우리 심장에 총알을 받는 것, 이것은 우리가 늘 꿈꾸던 일이 아닙니까? 원죄 없으신 성모님을 위해 많은 괴로움을 당하고 많은 일을 했다는 확신을 가지고 죽을 수 있다는 것은 얼마나 큰 행복입니까?"

때때로 신부는 더욱 명백히 말했다. 1938년 3월 신부는 다음과 같이 말했다. 이 말은 다른 말과 마찬가지로 수사 한 사람이 속기해 둔 것이다.

"여러분, 잔학한 전쟁이 준비되고 있습니다. 우리는 아직 그 전쟁의 경과를 알 수 없습니다. 우리 폴란드는 최악의 사태에 대비해야 합니다."

"교회는 초기 3세기 동안 박해를 받았습니다. 순교자들의 피는 그리스도교인의 씨앗이 되었습니다. 그 후 박해가 그치자 어떤 교부께서 그리스도교인의 범속화를 한탄했습니다. 그리고 박해가 재개되자 그는 기뻐했습니다. 마찬가지로 우리들도 박해가 일어나는 것을 기뻐해야 합니다. 시련 중에 우리의 열성은 더욱 커질 것이기 때문입니다. 게다가 우리들은 성모님의 수족이 아닙니까? 우리들이 가장 열렬히 바라는 희망은 성모님을 위해 우리의 생명을 바치는 것이 아닙니까? 사는 것도 한 번, 죽는 것도 한 번뿐입니다. 우리의 삶과 죽음이 성모님의 뜻에 맞기만 한다면 더 이상 바랄 것이 없습니다."

세계 대전이 일어나기 직전 어느 날 영적 생활의 3단계, 즉 '사도적 활동의 준비, 사도적 활동, 고난'에 대해 말하면서 신부는 다음과 같은 이야기를 했다.

"나는 이제 셋째 단계에 들어서는 게 당연합니다. 그렇지만 어디서, 어떻게 될는지는 성모님께서만 아십니다."

"보통 사람처럼 침대에서 죽지 않고 군인처럼 사형대 기둥 아래에서 가슴에 총알을 받아 피로써 성모님께 대한 사랑을 맹세하는 것, 그리고 성모님의 이름으로 그리스도를 위한 전세계 정복을 빨리 이룩하기 위해 최후의 한 방울까지 우리의 피를 흘리는 것, 이런 것들은 얼마나 커다란 행복입니까? 여러분, 이것이 내가 당신들에게 바라는 것이고, 또 나 자신에게 바라는 것입니다."

추수 때가 되었다. 풀 베는 사람이 올 것이다. 순교자가 되려면 사형 집행인이 있어야 하는 법이다. 빵을 만드려면 보리를 베어야 하는 것이다.

신부의 출전

1939년 9월, 폴란드에서 전격전이 벌어졌다. 융커기의 편대가 거대한 맹금처럼 하늘을 누볐다. 폭격은 밤낮을 가리지 않고 끊임없이 계속되었다. 모든 시골, 촌락, 도시들이 지평선 어느 쪽에서든지 횃불처럼 불타 올랐다. 자줏빛, 빨강빛으로 얼룩진 하늘은 묵시록의 기사들이 질주하는 운동장 같았다.

도처에서 함락되는 전선이지만 폴란드 군은 완강히 대항했다. 완전히 포위되어 조국은 극도의 위험에 처해 있었지만 그들은 조국의 명예를 지키기 위해 분발했다. 그러나 테르모필레(역자주·BC 480년 페르시아 전쟁 때 소수의 스파르타 군이 페르시아 대군과 용감하게 대항하다가 최후의 한 사람까지 전멸당했던 곳)의 장렬한 행동도 실제로는 아무런 도움이 되지 못했다.

새로운 발표마다 대규모의 퇴각을 속속 알릴 뿐이더니 그나마 침묵하고 말았다. 난공불락의 바르샤바는 절망 속에서도 사수(死守)를 계속했다. 국민들은 이것을 감탄하면서도 이미 싸울 의욕을 상실하고 있었다. 전쟁은 진 것이었다. 숲 속에서 게릴라전을 하며 싸우던 군인들은 죽음과 체포의 둘 중 하나를 선택할 수밖에 없었는데 대부분 죽음을 택하고 말았다.

참혹하게 치욕을 당한 폴란드는 한없는 혼미 속에서 깨어났다. 폐허는 아직도 불꽃을 내뿜고 전장은 납골당이 되어 갔다. 비인도적인 신비주의에 의해 교묘하게 훈련된 거만한 적들은 그 살육의 계획을 일정한 방식에 따라 정확하게 실행해 나갔다. 폴란드는 승리자의 군화에 신음하는 포로가 아니라 형리에 의해 처형되는 사형수였다. 헤렌폴크(역자주·나치스 독일의 자칭, 主上民族의 뜻)가 지배자가 되기 위해서는 노예는 봉사하든지 죽든지 해야만 했다.

이리하여 전국 각처에서 증오의 물결이 솟아 올랐다. 마치 얼굴에 술 기운이 오르듯이. 전쟁은 졌지만 끝난 것이 아니었다. 이미 숲 속에서, 지하에서, 첫번째 레지스탕스 본부가 집결되고 조직되었다. 남자도, 여자도, 어린이들도 모두 이 싸움에 참가했다. 무기만은 달랐다. 그리고 방법이 곤란하면 할수록 지원병의 수도 많았다.

증오심을 불러일으키기란 지극히 쉬운 일이었다. 그것은 출격 직전의 군인들에게 던져 주는 술병 같은 것이다. 술은 자극은 주지만 영양소가 되지는 못한다.

전쟁으로 인해 죽은 내 친구 중의 한 사람은 어느 날 나에게 "나는 내게 증오를 가르쳐 준 독일인을 증오한다."라는 편지를 보내왔다. 이것은 얼마나 괴로운 고백이었을까! 그리고 이런 말을 하는 데에는 얼마나 큰 성실과 영혼의 힘이 필요했을까? 그러나 대부분의 사람들은 이런 양심의 가책을 느끼지 못했다. 증오심을 일으키는 것은 정당하고 정상적이며 필요하다고까지 생각했던 것이다.

이런 시기에 사형 집행관이나 적에게까지도 자기의 훌륭한 외투를 벗어 주라는 완전한 사랑의 법칙을 호소하는 사람이 감히 있을 수 있었을까? 용서하는 것은 비겁한 것으로 보여졌다. 그리스도교의 덕행까지도 문란시키는 것, 이것이 전쟁의 가장 큰 죄악이다. 전쟁의 해독에 대항할 수 있는 사람은 가장 위대한 성인뿐이다. 그런데 우리들은 성인이 아니다. 오른뺨을 맞으면 왼뺨을 내미는 게 아니라 힘껏 되갈기는 가련한 죄인일 뿐이다.

성녀 잔 다르크의 시성 과정에서 이미 다음과 같은 사실이 지적된 바 있다. 전쟁터에서 싸워 승리를 얻은 이 오를레앙의 처녀가 세운 공로 중에서 가장 어려웠던 승리는 '증오를 몰랐다.'는 사실이다. 이 점에 있어서 혈관 속에 군인의 피를 지녔던 이 책의 주인공도 그 성녀와 흡사하다. 즉 '막시밀리안 신부도 증오를 몰랐던' 것이다.

그렇지만 증오의 분위기 속에서 살면서 거기 물들지 않는 것은 죽은 사람을 살리기보다 더 어렵다. 이 말은 그 무렵의 폴란드―무참하게 멍들었고, 끊임없이 모욕받고, 명예와 함께 가장 신성한 권리를 침해받은 폴란드에서 살아보지 못한 사람은 이해할 수 없을 것이다. 십자가에 달린 채 형리들을 용서하기 위해서는 그리스도가 되든지 아니면 온전히 그리스도에게 사로잡힌 사람(사는 사람은 내가 아니오, 내 안에 사시는 그분이다.)이 되지 않으면 안 된다. 왜냐 하면 이것은 오로지 사람의 능력을 초월한 것이기 때문이다. 말만으로 믿지 않는 사람은 이 이상한 인물의 행동을 볼 수밖에 없다. 막시밀리안 신부는 군인의 피를 가지고 스스로 싸움에 나섰다, 그 독자적인 싸움에. 그리고 여기 생명 이상의 것을 투입하였다.

니에포칼라누프는 처음부터 심한 폭격을 당했다. 막시밀리안 신부는 정세가 중대해진 것을 보고 전 수사들을 소집해서 "가족과 함께 피난해도 좋습니다. 그것이 가장 안전할 것입니다."라고 말했다. 그리고 가장 용감해 보이는 사람들, 끝내 원하는 사람들에게만 여기 머물러도 좋다고 허락했다. 그 밖의 수사들은 '아버지가 친아들에게 하듯' 축복하고 돌려보내면서 그들이 하나하나 돌아가는 것을 지켜 보았다.

그가 가장 사랑하는 참모인 '작은 무리'와 함께 남게 된 신부는 그들에게 원죄 없으신 성모님께 삶과 죽음을 맡기는 '무조건적'인 봉헌의 행위를 새로이 하라고 권했다. 그리고는 각 사람들에게 총고백을 하게 한 후 자그마한 대사(大赦)의 십자가를 주어 껴안게 했다.

폭격은 조금씩 멎었다가 또 계속되었다. 특히 밤에는 더 심했다. 수사들은 대피소로 피난하였지만 신부는 거의 숨지 않았다. 수사 한 사람이 말했듯이 그는 공포를 모르는 것 같았다. 모두들 그의 침착함, 변함 없는 유머, 대담성 등을 강조한다. 신부는 그의 '아들들' 밖에 생각하지 않았다.

밤 늦게 수사들이 침실로 올라갔을 때에도 신부는 이따금 모두 다 있는지 누가 없어지지 않았는지 살피며 다녔다. 전쟁 전부터 신부는 이 밤중의 순시를 계속해 왔는데 그렇게 조금 자고도 살아갈 수 있는 신부를 보고 수사들은 놀랐던 것이다.

9월 19일 최초의 독일군 오토바이가 출현했다. 나치스 헌병들이 수도원 문에 나타나더니 그들 중 하나가 꽥 소리쳤다.

"모두 나와!"

집합한 수사들에게, 두 사람만 부상병들이 있을 병실에 남고 즉시 이 장소를 떠나라는 명령을 내렸다. 한 사람은 간호 담당 수사, 그러면 또 한 사람은?

"신부님이 머물러 주십시오."

수사 한 사람이 탄원하는 목소리로 외쳤다.
"아니야, 시리악 수사가 더 좋을 거요."
신부는 부드럽게 말했다. 그리고 함께 그곳을 떠났다.
길에서 부인들이 호송되는 그들을 보고 눈물을 흘렸다. 그러나 신부는 이렇게 말했다.
"아무 말 마십시오. 이 사람들이 더 슬프게 됩니다. 또 보복을 받을 염려가 있습니다."
신부는 최초의 정류장에서 멈춰서서 수사들에게 말했다.
"여러분, 용기를 내십시오. 우리들은 '선교'하러 떠나는 게 아닙니까? 게다가 여비까지 딴 사람이 치러주니 얼마나 큰 이익입니까? 이제 가능한 한 많은 영혼을 얻기 위해 기도하지 않으면 안 됩니다. 그러니 성모님께 '우리는 만족합니다. 뜻하시는 대로 하십시오.'라고 이야기합시다."
수사들은 트럭에 빽빽이 실렸고 다음에는 동물 운반용 화차에 실렸다. 9월 21일 그들은 암티츠 수용소에 도착했다.
이 수용소는 온갖 공포의 집결지는 아니었으나 가장 선량한 사람들에게 고통을 주기에는 충분한 곳이었다. 학대, 가지가지의 구박, 고통스러운 혼란, 굶주림과 추위, 이런 것이 가득 찬 곳이었다. 수사들은 어떻게 이 고통을 견디어 나갈까 서로 걱정들을 했으나 막시밀리안 신부는 다른 사람들보다 병약하고 초췌하면서도 그들을 격려하여 기도하게 하고 안심시켰다. 비길데 없이 능숙한 지도자인 그는 한 마디의 좋은 말이 때로는 한 조각의 빵보다 더 값진 것임을 잘 알고 있었다. 그리고 평화와 기쁨을 풍성하게 나누어 주었으므로 그가 있다는 사실 한 가지로써 주위 사람들에게는 큰 위안이 되었던 것이다.

독일인들은 이 허약한 수도자가 웃으면서 친절하게 자기들에게 메달을 나눠주는 것을 보고 당황해 하며 그를 관찰했다. 우리를 조롱하는 것인가? 그러나 그렇지 않다는 것은 곧 알 수 있었다. 그러면? 그들은 자신도 모르게 친절해지고 있었다.

이것이야말로 가장 고귀한 정복이었다. 독일인 수용소장의 부인은 신부의 따뜻한 마음씨에 감동을 받고 혼자서만 먹으라고 훌륭한 과자를 보내왔다. 물론 신부는 수사들을 모두 불러 똑같이 나누어 먹으라고 내주었다. 한 사람 앞에 겨우 상징적이라고 할 수밖에 없는 작은 조각이 돌아갔다.

또 한 번은 신부가 크림 치즈를 약간 얻었는데 접시가 하나도 없었으므로 수사들의 손바닥에 한 순갈씩 나눠준 일도 있었다.

신부의 본명 축일, 즉 10월 12일(스페인에서는 이 날이 필라르의 성모 축일이다.) 신부는 축하하러 온 수사들에게 이렇게 말했다.

"오늘 아침 나는 나의 축일을 위해 무엇을 해줄까 하고 자신에게 물었습니다. 나는 여러분들이 날이 갈수록 더욱더 깊이 성모님께 소속되기를 바랄 뿐입니다. 괴로움이 멀리 있을 때 우리는 모든 준비를 다 했습니다. 이제 우리들은 괴로움의 때를 맞이했으므로 이것을 이용하여 많은 영혼을 획득하기 위해 노력합시다. 원죄 없으신 성모님의 이름으로 가급적 가장 많은 영혼을 얻도록 힘씁시다."

수사들은 속옷을 갈아 입을 수조차 없었다. 판잣집 수용소의 불결함은 속이 뒤집힐 지경이었다. 또 물것들도 들끓었다. 그러나 수사들이 밤에 잠을 깼을 때 짚이불 위에 꿇어앉아 기도하고 있는 막시밀리안 신부의 연약한 모습을 종종 볼 수 있었다.

수용소 내에서 민간인 포로들이 사망하는 일이 점점 늘어났다. 어느 날 신부는 수사들에게 다음과 같이 말했다.

"성모님과 계약을 맺으십시오. 성모님께 '지극히 자애로우신 어머니, 다른 사람들이 살아서 돌아갈 수 있게 된다면 나는 사랑에 의해 당신 뜻대로 이 불쾌한 수용소에 머물러 있겠습니다. 나는 여기 머물러, 잊혀지고 경멸받으며 고독하게 괴로움을 누리겠습니다. 나는 이 더러운 이불 위에서 완전히 무감각하고 냉혹한 마음에 둘러싸여 있다가 죽기 위해 내 몸을 당신께 바칩니다.'라고 말씀드리십시오."

'어린 양들'은 이 말을 완전히 이해하지 못한 채 입술 끝으로만 이 말을 되풀이했지만 신부 자신은 이 요구가 과연 어떤 것인지 잘 알고 있었다.

암티츠의 수용소는 곤궁과 온갖 고통으로 가득 차 있는 곳이었으나 '지옥 같은 수용소'는 아니었다. 굶주림으로 괴로움을 당하긴 해도 굶어 죽을 정도는 아니었다. 또 니에포칼라누프의 수도자들은 어느 정도 회칙을 지킬 수 있었다.

신부는 그들에게 자주 훈화를 들려 주었는데 성모 마리아에 관한 신부 특유의 가르침을 강조한 것은 말할 필요도 없다. 어느 날 신부는 수사들에게 루르드와 살레타, 그리고 성모님이 반복해서 고행을 요청하신 것 등에 대해서 그들에게 이야기했다.

"우리들은 커다란 고행의 시대에 살고 있습니다. 이것을 잘 이용하도록 하십시오. 고통은 넓은 마음으로 이것을 받아들이는 사람에게는 좋은 것, 즐거운 것으로 나타납니다."

물론 신부는 이 수사들이 모두 순교하지는 않을 것임을 잘 알고 있었다. 썩고 이가 끓는 이부자리 위에서 하느님과의 긴 침묵의 대화를 나누는 동안 무슨 이야기가 오갔던 것일까?
어느 날 신부는 수사들에게 말했다.
"여러분 용기를 가지십시오. 우리들의 선교는 이미 끝났습니다. 남은 날들을 잘 이용하도록 힘씁시다."
필자에게는 같이 있던 포로들의 증언이 수없이 많이 있다. 이것을 전부 수록할 수 없음이 애석하다. 어떠한 증언도 신부의 한없고 그치지 않는 사랑을 강조하고 있다. 서툰 표현이 이 이야기를 더욱 감명 깊게 해주고 있다. 아래에 한 예를 들어본다.

「나는 얼마 동안 신부님 바로 옆에 이부자리를 편 적이 있었습니다. 한번은 내가 밤에 잠을 깼는데 돌연 누군가 내 발을 부드럽게 둘러싸매 주는 것을 느꼈습니다. 눈을 떠보니 그것은 바로 막시밀리안 신부님이 나를 이불로 감싸 주는 것이었습니다. 이 일을 생각할 때마다 눈에서 눈물이 솟아납니다.
신부님은 나에게 어머니처럼 한없이 선량하고 자애깊으신 분으로 생각되었습니다. 또 나는 신부님이 당신 몫의 빵을 굶주려 괴로워하는 수사에게 남몰래 거의 다 나눠 주시는 것을 보았습니다. 그런데 우리들의 식량은 너무 적어서 이것을 포기하기 위해서는 어머니 같은 희생심이 필요했습니다.」 — 주라세크 수사

또 다른 수사는 이렇게 썼다.

「이 고통과 슬픔과 곤궁의 날에 막시밀리안 신부님이 우리를 위해 해주신 것을 도저히 말로 표현할 수가 없습니다. 우리는 성모님께 감

사하지 않으면 안 될 것입니다. 왜냐 하면 그것은 우리에게 한없이 귀중한 순간들이었기 때문입니다.」

막시밀리안 신부의 예언은 그대로 실현되었다. 즉 그들은 성모의 원죄 없으신 잉태 축일(12월 8일)에 석방되었던 것이다. 신부는 그리스도처럼 자신에게 맡겨진 사람을 한 사람도 잃어버리지 않게 되도록 기도했던 것일까? 약탈당하긴 했으나 파괴되지는 않은 니에포칼라누프로 모두 돌아왔다.

그러나 막시밀리안 신부가 환상에 사로잡혀 있는 것은 아니었다. 이제 그는 자기의 차례를 기다리고 있었다. 남은 귀중한 시간을 일분도 낭비할 수 없었다.

그는 먼저 '기도의 병력'을 증강시키기 위해 영속 성체 조배를 시작했다. 수사들은 하루 종일 초라한 제단 앞에서 계속적으로 조배했다. 이때만큼 열심히 기도했던 때는 없었을 것이다.

쫓겨났던 수사들이 조금씩 돌아오기 시작했다. 1백 명이 곧 370명으로 늘었다. 슬픈 일은, 많은 수사들이 게슈타포(비밀경찰)의 추적으로 돌아올 수 없게 된 것이었다. 편집부원은 특히 더 위험하여 숨어 있어야만 했다. 신부는 한없는 자애심을 가지고 참으로 주옥 같은 공식 편지를 써 보내 그들과 긴밀한 연락을 취하려고 노력했다. 신부는 그들에게 인내할 것을 이야기할 뿐 아니라 새로운 정복을 권했다.

"왜냐 하면 성모님께 몸을 완전히 봉헌하여 전심전력 성모님을 사랑하는 영혼이 있는 곳에서는 그 사랑이 주위 사람들에게 파급되어 많은 영혼들이 더욱 완전하게 구원되지 않을 수 없기 때문입니다."

따라서 '멀리 있는 수사들'은 '선교'하고 있는 것이며 그들이 가는 곳마다 니에포칼라누프의 이상은 따라가는 것이다.

"우리들의 선교 사업에는 어떠한 휴식도 없습니다. 성모님의 나라를 모든 이의 마음 속으로 확장하십시오. 이 목적을 위해 우리의 모든 슬픔과 고통을 바칩시다. 성모님이 우리들에게 만족해 하시는 것, 오직 그것만 바랍시다. 몸을 희생하더라도 또 아무리 고통스럽더라도 성모님을 기쁘게 해드리도록 노력합시다."

"여러분들이 이리저리 흩어짐으로써 얼마나 많은 영혼들이 광명을 다시 찾게 되겠습니까?"

"기도하십시오. 사랑하는 마음으로 모든 십자가를 받으십시오. 모든 이웃 사람들을, 친구든 원수든 조금도 예외를 두지 말고 끊임없이 사랑하십시오."

"하느님은 사랑입니다. 결과는 원인과 닮는 법이므로 모든 피조물도 사랑으로 살아 있습니다. 사랑은 궁극의 목적을 위해서만 아니라 중간 목적을 위해서도, 또 건전하고 정상적인 모든 활동을 위해서도 중요한 동기가 되며 첫째가는 힘이 되는 법입니다."

이 글을 쓰면서 신부는 단테의 유명한 시구 '만물을 움직이시는 분'을 생각했을 것이다. 그의 영혼은 우리들이 추종할 수 없는 높은 경지에서 모든 우연적인 일들을 굽어보고 있는 것이다.

그러나 이 관상가는 사도였고, 따라서 활동적인 인물이었다. 그는 불가능한 일, 곧 독일군 점령 하에서 사랑하던 잡지를 발행하는 일을 하려 했다. 교섭에 교섭을 거듭한 끝에 그는 마침내 잡지 발행에 필요한 허가를 얻는 데 성공했다. 1940년 성모의 원죄 없으신 잉태 축일에 잡지가 나왔다. 그러나 그것으로 끝이었다. 이 잡지에 막시밀리안 신부 최후의 글이 다음과 같이 실려 있다.

"선이 하느님의 사랑과 그 사랑에서 솟아나는 모든 사물 안에 존재한다면 악이란 본질적으로 사랑의 부정일 뿐이다."

이것이 신부의 참된 투쟁이다! 맞붙어 싸우는 군인들, 폭발하는 정욕, 대살육, 주검의 벌판… 이런 상황에서도 각자의 영혼 밑바닥에는 서로 굽히지 않는 적들이 대립하고 있다. 선과 악, 죄와 사랑이 바로 그것이다. 전쟁터에서 승리한다 하더라도 우리 마음이 패배로 괴로워한다면 그 승리는 무슨 의미가 있겠는가?

막시밀리안 신부는 이제 그 가장 중요한 투쟁을 준비하고 있다.

사랑의 이름으로, 사랑을 위한, 사랑의 싸움을!

십자가의 길

막시밀리안 신부는 그의 최후의 글 속에서 다시 다음과 같이 썼다.

「이 세상의 어느 누구도 진리를 뜯어고칠 수는 없다. 우리가 할 수 있는 것, 우리가 해야 하는 것은 진리를 추구하고 발견하고 진리에 봉사하는 일이다.」

이 말은 핵심을 잘 찌르고 있다. 현대 세계가 일으키는 갈등은 진리의 위기에서 오는 것이 아니겠는가? 모든 개혁자들은 진리를 솔직히 재인식하고 진리에 봉사하며 진리를 사랑하려고 하는 대신에 그것을 뜯어고치려고 한다.
"이 세상의 어느 누구도 진리를 뜯어고칠 수는 없다."
막시밀리안 신부의 유언을 요약하는 이 말은 우리들의 갈팡질팡하는 비참한 배신 행위에 대해 하느님께서 공명정대하게 기록하고 계신 역사의 제1장에 가장 뚜렷한 글씨로 쓰여져야 할 것이다. 사탄의 딴 이름이 '거짓말의 아버지'라던가?

막시밀리안 신부는 기다리고 있었다. 신부는 오래 전부터 이번 전쟁에서 자신이 살아 남을 수 없을 것을 알고 있었다. 신부가 많은 증인들 앞에서 몇 번이나 예언했던 '피의 시련'이 이제 다가온 것이다. 무력전이란 것은 또 다른 중대한 전쟁 — 곧 독사의 소굴이요 푸른 심연이며 모든 전쟁의 원천인 인간의 마음을 유혹하는 전쟁 — 을 표현하는 것임을 신부는 잘 알고 있었다. 성 바울로는 "우리들은 육체를 거슬러 싸우는 게 아니다."라고 했다. 물질적인 힘만으로 우리가 싸우는 것은 아니다.

주인은 어떤 무기로 우리가 싸워야 할지 잘 가르쳐 주셨다. 종이 그 주인보다 나을 수 없다. 그런데 주인은 계속 수난당하고 있지 않는가?

막시밀리안 신부는 어느 날 "임종의 고통 속으로 던져지는 것이야말로 예수님의 모든 사업을 완성시키는 것이다."라는 말을 했다. 신부는 열렬한 영혼으로써 그리스도와 같은 승리를 얻고자 하는 것이다. 그가 어떤 약속과 계약에 의해 하느님의 자비에 참여했던가는 오직 하느님만이 아실 것이다.

최상의 피뢰침인 성인들은 우리들의 오점과 무한한 성성의 요구 사이에 머물러 있으면서 사랑의 손 — 하느님의 손 — 을 풀어 놓기 위해 정의의 미끼가 되는 것이다.

그러므로 막시밀리안 신부가 체포된 직접적인 원인은 알려고 하지 말자. 이 점에 대해 사람들은 여러 가지로 이야기하지만 모두 추측일 뿐이다. 폴란드에서 나치스는 그들의 행동을 정당화할 양심조차 지니지 못했다. 그들이 쓰던 완만한 살육 방법에는 특히 한 가지 기준이 있었는데 그것은 엘리트들, 지도자들을 처치하는 것이었다. 막시밀리안 신부는 확실히 지도급의 인물이었으므로 특히 그들의 미움을 살 만했다. 신부의 운명은 벌써부터 결정되어 있었다.

1941년 2월 17일 검은 색 자동차가 수도원 정문 앞에서 멈추었다. 게슈타포의 표시를 사람들은 잘 알고 있었다. 수사 한 사람이 원장 신부에게 달려가 위급함을 알렸다.

"그래요?"

신부는 말했다. 그의 목소리에는 불안한 빛이 역력했으나 곧 침착을 되찾았다.

"좋습니다. 내가 가지요. 마리아!"

신부는 그들을 만나러 갔다.

병과 곤궁으로 초췌해진 몸의 이 허약한 수도자와 뚱뚱하게 살진 다섯 명의 경관은 얼굴을 마주한 것이다.

"찬미 예수!"

신부는 폴란드 풍속대로 정중하게 그들에게 말했다.

경관은 그 인사에는 대답하지 않고 그 중 한 사람이 소리쳤다.

"당신이 막시밀리안 콜베요?"

"네, 그렇습니다."

"그럼 따라 오시오."

그는 다른 네 사람의 신부들과 함께 체포되었지만 그 중 두 사람만이 살아서 돌아왔다.

영구차처럼 느껴지는 검은 색 자동차에 타기 전에 막시밀리안 신부는 마지막으로 원죄 없으신 성모의 마을과 사랑하던 수사들을 둘러보았다. 이제 그 수가 얼마 되지 않는 이 수사들은 어쩔 줄을 몰라 한 곳에 모여 있을 뿐이었다. 신부는 마음 속으로 그들을 축복하고 성모님께 빌었다.

"제가 떠나면 제가 하던 일을 하실 분은 어머님뿐입니다. 어머니의 마을, 어머니의 모든 양들, 어머니의 어린 양들, 그리고 여기 있을지도 모를 저 불쌍한 염소들, 그것들까지도 모두 지켜 주십시오. 모두 어머님께 맡겨 드립니다."

차가 떠났다. 그 차가 다시 돌아오지 않으리라는 것을 신부는 너무나 잘 알고 있었다.

그들은 먼저 바르샤바로 보내져서 폴란드 인에게는 그 이름만 들어도 혈관 속의 피가 얼어 붙을 무시무시한 파비악 형무소에 투옥되었다. 게다가 그때는 가장 혹독한 시기였다.

독일인들은 소련 침입에 앞서 '후방 숙청'을 단행했던 것이다. 매일 수천 명의 폴란드 인이 총살되었다. 사형수의 수효를 셀 수조차 없을 정도였다.

막시밀리안 신부는 103호 감방에 수용되었는데 한 시간도 안 되어 모든 사람들의 마음을 사로잡을 수 있었다. 신부는 혹독한 고문으로 죽어가는 동료들의 고백을 듣고 성사를 베풀었으며 그들을 위해 그들과 함께 기도하고 '인자한 어머니가 자녀를 대하듯' 그들을 치료해 주었다.

어느 날 아침 검열이 행해졌다. 수도복을 입은 신부를 본 나치스 헌병대장은 미칠 듯 화를 냈다. 눈이 뻘겋게 충혈되고 입으로는 거품을 내뿜으면서 막시밀리안 신부가 허리에 차고 있던 묵주를 움켜잡아 거칠게 잡아 당겼다.

"바보 자식, 백치 녀석! 이 더러운 신부놈아, 너는 이걸 믿느냐? 빨리 대답해 봐라!"

그러면서 그는 신부에게 묵주에 달린 십자가를 가리켰다.
"네, 믿습니다."
신부는 조용하지만 힘있게 말했다.
그러자 그는 정통으로 신부의 뺨을 갈겼다. 그리고 또 한번. 신부는 땅에 쓰러졌다. 짭짤한 핏방울이 입에서 흘러나옴을 느꼈다.
"그래도 믿어?"
대장은 비꼬듯 물었다.
"물론입니다."
대장은 다시 갈겼다. 욕설까지 퍼부으며 계속해서 때렸다. 가련한 신부의 얼굴은 하얗게 질렸다가 다시 검붉어졌다. 신부는 맞고 쓰러졌다가는 간신히 다시 일어나 대장 앞에 섰다.
"이래도 또 믿는다고 할 테야?"
"그렇습니다. 믿습니다."
대장의 분노는 가라앉을 줄을 몰랐다. 온 힘을 다 모아 주먹질을 했다. 신부가 쓰러지면 장화 신은 발로 발길질을 퍼부었다. 그의 흉포한 얼굴은 사람의 모습이 아니었다. 마침내 신부가 움직이지 않는 것을 보자 그는 문을 쾅 소리나게 닫고 도망치듯 가버렸다.
막시밀리안 신부는 의식을 되찾자 곧 그의 동료들을 위로하기 위해 전력을 다했다. 신부의 얼굴은 무서울 만큼 부어 올라 말도 겨우 할 지경이었다. 그러나 신부는 이렇게 말할 뿐이었다.
"여러분 저와 함께 기뻐해 주십시오. 이건 모두 영혼들을 위하고 성모님을 위하는 일입니다."
함께 투옥되어 있던 의사들은 이 사건을 이용해서 막시밀리안 신부를 병실로 옮겨갔다. 적어도 여기 있으면 저 미친 헌병대장을 다시 만나게 되지는 않을 것이기 때문이다.

니에포칼라누프에서는 기다리고만 있지 않았다. 10명의 수사들이 신부 대신에 인질이 되겠다고 청원했다. 그러나 나치스는 이를 거절했다.

편지라고는 이따금씩 짧막한 엽서를 보낼 수밖에 없었는데 그것도 엄중한 검열을 받아야 했다. "부모의 명의로 수건, 칫솔, 의복, 음식 등을 보내 주시오…." 등과 같은 실제적인 부탁 편지 속에 그의 마음에 가득 차 빛나고 있는 생각들이 끼여 있는 적도 있었다.

「가장 사랑하는 어머니이신 원죄 없으신 성모님은 항상 우리들을 자애로 감싸 주시고 지켜 주십니다.」

「여러분은 왜 걱정합니까? 하느님과 성모님께서 알고 허락하시는 일 이외에는 우리에게 아무런 나쁜 일도 결코 일어나지 않을 것을 모르십니까?」

「더욱더 완전히 성모님께 몸을 맡겨서 그분께서 원하시고 즐기시는 곳으로 인도받도록 합시다. 그리하여 우리들의 의무를 철저히 완수하면 우리는 사랑으로써 모든 영혼을 구원할 수 있을 것입니다.」

5월 10일 자로 된 신부의 마지막 편지는 이렇게 끝을 맺고 있었다. 며칠 후 신부는 오셴침으로 예정된 이송자 명단에 들게 되었다. 오셴침은 '죽음의 수용소'로 불려졌는데 바로 그 이름 그대로였다. 독일인들이 '아우슈비츠(Auschwitz)'라고 불렀던 이 오셴침에서는

5백만 명 이상의 수형자들이 혹독한 고문을 받고 죽었던 것이다. '과학적으로' 건설된 화장터들은 밤낮을 가리지 않고 연기를 토했으며 화장 능률을 더욱 올리기 위해 특별위원회까지 구성될 정도였다. 매년 그 살육의 방법도 발전했다. 이 음침한 구내에 들어간 사람은 누구나 입구에서부터 모든 인간적 희망과 작별해야 했었다.

이 수용소에 관해서는 이미 많이 소개된 바 있으나 이 땅 위의 언어로써는 도저히 표현하지 못한다. 왜냐 하면 자연 이상의 초자연과 자연 이하의 초자연이 있는 법이고 이 두 영역에서 인간을 초월하는 일은 인간적인 언어로써는 도저히 전달이 불가능한 일이기 때문이다.

강제 수용소에서 살아 나온 사람들이 감방 문학 같은 데 불만을 느끼는 것은 조금도 이상한 일이 아니다. 그들은 비평하는 대신 "아니야, 그렇지 않았어."라고 말할 뿐이다. 그들의 고유한 체험은 다른 사람들의 체험과 일치하지 않는다. 똑같은 지옥도 무수한 영혼들의 프리즘을 통해 투영될 때 그 색채가 일치할 수 없는 법이다. '받아들이는 사람은 자기 방법에 따라 받아들인다.' 라는 의미심장한 격언이 여기서도 적용되는 것이다.

똑같은 지옥 속에서도 그렇다. 이 암흑의 구렁 속에서 어떤 영혼은 별을 바라봤는데 우리들은 암흑, 지겨운 암흑밖에 보지 못한 것은 왜 그럴까? 똑같은 지옥인데도 어떤 사람들은 그것을 형언 못할 상승의 도약판으로 삼을 수 있었다. 그것을 이해할 수 없다면 적어도 그들의 말이나마 믿어 보자.

강제 수용소에서는 반항과 증오 속에서 죽는 불행한 사람들이 있었다. 그러나 이 반항은 이해할 수 있는 것이고 이 증오는 아주 당연한 것이다. 강제 수용소에는 마지막 순간에 느닷없이 희생을 수락함으로

써 부지불식간에 순교자가 되어 버린 사람들 — 마치 오후 다섯 시에 불리운 일꾼 같은 사람들도 있었다(역자주•마태 20, 6 참조). 그러나 여기에는 자원으로 번제의 제물이 되어 이 '피의 제전'에 자신의 피를 한 방울 한 방울 바쳐 나감으로써 완전히 의식적인 희생물이 된 사람도 있었다.

물론 이 참혹한 수용소는 성성의 수련장과는 거리가 멀었으며 선인이라고 자부하는 사람들까지도 최악의 본능에 이끌려 가버리는 곳이었다. 자기의 전생애를 수련도장으로 삼는 사람만이 이 최고의 시련과 싸워낼 수 있었다. 위대한 죽음이란 즉흥적으로 이루어지는 게 아니다.

'평소에는' 상상조차 못할 비참한 타락과 몰락이 이곳에 있었다. 이런 현실을 보고도 성선설을 믿을 사람은 없을 것이다. 이 용광로 속에서 영혼은 발가벗겨진다. 괴물도, 죄인도, 수없이 많은 범인도, 그리고 성인들까지도! 신이 원하시는 바를 따라 행하는 이 한없이 고귀한 자유 행위 — 의식적으로 자발적으로 자신을 번제의 제물로 바치는 이 행위 — 를 계속하는 남녀들이야말로 고통을 참아 받으며 피로써 피에 보답하는 사람들이었다. 이 지옥에도 하느님의 은총은 머문다. 그러나 누가 감히 이 승리의 결과를 평가할 수 있을 것인가?

굶주림! 오장육부를 찢어내고 잠마저 앗아가는 이 혹독하고 끊임없는 굶주림! 밤이나 낮이나 몸을 떨게 하는 추위! 신입 죄수에 대한 그치지 않는 사형(私刑), 교묘한 타락 교사! 이보다 심한 인간 모독 행위는 상상할 수 없을 것이다. 그러나 이런 행위도 우발적인 것이 아니라 교묘하게 계획된 프로그램의 일부였다. 희생자를 죽이기 전에 실컷 짓밟아 주어야 했던 것이다.

심하게 학대받는 계층은 유대인 다음으로 사제들이 지목된다. 사제들은 보통 '돼지 새끼 같은 신부'로 불렸다. 그들은 항상 채찍질이 동반되는 가장 힘든 중노동을 맡았다. 신비에 대한 증오, 사제에 대한 증오로 그들은 모욕받고 걸레쪽같이 되어 짐승 취급을 당하면서 스스로 원하지도, 때로는 의식하지도 못하는 중에 그리스도를 증명했으니 그들의 알아볼 수도 없게 퉁퉁 부은 처참한 얼굴은 침으로 뒤덮인 그리스도의 얼굴을 생각하게 했던 것이다.

그러나 막시밀리안 신부는 원하고 있었다. 그는 의식하고 있었다. 그는 이 지옥 속에서는 보기 드문 훌륭한 자유인 중의 한 사람이었다. 오래 전부터 그의 의지와 하느님의 의지 사이에 아무런 간격이 없었던 것이다. 그는 성 안드레아 사도처럼, 아시시의 빈자처럼 십자가를 향해 아름다운 약혼녀인 양 "오, 행복한 십자가여." 하고 인사하며 혼인 잔치를 준비하고 있었다.

신부는 크로트(그의 별명이 흡혈귀였다.)를 조장으로 하는 가장 잔혹한 바비체 조에 소속되었다. 이 괴인은 막시밀리안 신부를 철저히 미워했다.

신부는 가장 불행했던 동료들과 함께 굵직한 나무둥치를 뛰면서 운반해야 했었는데, 신부가 더 이상 힘이 없어 짐을 진 채 넘어질 때마다 그의 앙상한 등덜미에는 채찍질이 억수같이 쏟아졌다. 불쌍히 여겨 그를 도와 주려는 동료들에게 신부는 언제나 이렇게 말했다.

"그러지 마십시오. 당신들마저 얻어 맞습니다. 나는 성모님께서 도와 주십니다. 견딜 수 있습니다."

이 진짜 '십자가의 길'은 2주간 계속되었다.

어느 날 크로트는 신부가 몸을 겨우 질질 끌며 오는 것을 보고 이것을 이용해서 '장난을 쳐 볼' 생각을 했다. 그는 손수 가장 굵은 나무를 골라 신부의 어깨에 지워 놓고 명령했다.
"뛰어라!"
신부는 몇 걸음 가더니 비틀거리다가 쓰러졌다. 그러자 크로트는 신부에게로 뛰어가 구둣발로 아랫배와 얼굴에 발길질을 퍼부으며(그의 발길질은 정확했다.) 소리질렀다.
"이 게으름뱅이, 일하기 싫지? 좋아, 일이란 게 어떤 건지 가르쳐 줄테니."
식사 때 크로트는 신부를 불러내어 나무더미 위에 가로눕게 하고는 형리들 중 가장 힘센 자에게 50대를 때리게 했다. 신부는 움직이지 않았다. 그러자 크로트는 신부를 수레바퀴로 인해 땅이 팬 곳에 밀어 넣고 마른 나뭇가지로 덮어 죽게 내버려 뒀다.
이것은 오셴침 수용소에서 겨우 살아나온 사람들 중의 하나인 스베다 신부가 목격한 사실이다.
가련한 신부의 동료들은 주먹을 움켜쥐었으나 아무것도 할 수 없었다. 조금이라도 간섭을 했다가는 사태가 더 악화될 뿐이었다. 그날 밤 노동이 끝난 후에야 동료들은 피투성이의 신부를 데려올 수 있었다. 다음 날 신부는 노동을 면제받았다.
한 이부자리에 서너 명씩 같이 누운 병자들이 의사도 간호원도 없이 파리처럼 죽어가는 소름끼치는 병원에서도 막시밀리안 신부는 제일 나쁜 장소인 출입구 옆을 골라 잡았다.
"여기서는 죽어가는 사람들을 보면서 그들을 위해 기도해 줄 수 있습니다."
간호 담당 포로와 주위의 병자들은 모두 신부에게 탄복하지 않을 수 없었다. 신부는 가끔 이런 말을 되풀이했다.
"나는 예수 그리스도를 위해 더욱더 고통 받을 각오가 돼 있습니다. 원죄 없으신 성모님이 나와 함께 계시며 나를 도와 주십니다."
어느 날 밤 간호 담당원이 차 한 잔을 몰래 신부에게 가져왔다. 이것은 열병으로 괴로워하던 환자들이 가장 간절히 바라던 소원이었다. 그런데 놀랍게도 신부는 이것을 깨끗이 거절했다.
"다른 사람들이 마시지 못하고 있는데 나만 예외가 되고 싶지 않습니다."
그런 일은 금지되어 있고 처벌당할 위험이 있었지만 신부는 밤새도록 신자들의 고백을 들었다. 밤이 되자마자 병자들은 할 수 있는 한 신부의 이부자리 가까이 와서 오래도록 머물렀다. 살아 돌아온 어떤 사제는 '어머니가 자녀를 껴안듯이 신부는 나를 가슴에 안고' 이렇게 부드러운 위로의 말을 하더라는 것이다.
"원죄 없으신 성모님을 우러러 보십시오. 성모님은 근심하는 이들의 위로자입니다. 성모님은 우리를 사랑하시고 우리들의 소원을 들어주시며 우리 모두를 도와 주십니다."
신부는 2주간 정도 병원에 머무른 후 불구자 감방으로 옮겨졌다. 여기 억류되어 있는 사람들은 노동은 면제받고 있지만 수용소의 변변치 않은 식량의 반밖에 지급받지 못했다. 막시밀리안 신부는 흔히 자기 몫을 남에게 양도했다. 그리고 다만 "당신은 나보다 더 시장할 테니까요."라고 말할 뿐이었다.
어느 날 신부는 자기를 구출하기 위해 온갖 수단을 다 쓰는 어떤 젊은 동료에게 말했다.
"아니오, 나는 이 수용소에서 살아 나갈 수 없습니다. 그러나 당신과 다른 젊은 사람들은 살아 나갈 것입니다."
 이 지옥 속에서도 신부는 항상 똑같은 기분으로 즐거워하고 쾌활했으며 낙담하는 자들에게 용기를 주고 두려워하는 자들에게 힘이 되어 주었다.
 "여러분, 버텨 나갑시다. 여러분들은 살아서 돌아가야 합니다. 성모님께 모두 맡기십시오. 성모님은 반드시 여러분을 도와 구해 주실 것입니다."
 이런 사실들은 실제로 살아서 돌아온 증인들이 눈물을 흘리며 우리에게 들려 준 것이다.
 때때로 신부는 처벌의 위험을 무릅쓰고 뼈만 남아 빈사 상태에 빠져 있는 청중들 앞에서 참된 영적 담화를 들려 주었다. 신부와 함께 있다가 살아 돌아온 사람들의 말에 의하면, 어느 일요일에 신부는 '원죄 없으신 성모와 거룩한 삼위일체의 세 위격과의 관계'를 이야기했는데 얼마나 열심히 정열적으로 말했던지 신자 아닌 사람들까지도 감격할 정도였다고 한다.
 친구들의 온갖 노력에도 불구하고 신부는 이 불구자 감방에 오래 머물 수 없었다. 신부는 다시 제14호 감방으로 옮겨졌는데 이곳에는 최후의 시련이 신부를 기다리고 있었다.

성모님과 함께

사랑은 죽음보다 강하다

그것은 1941년 7월 말이었다. 막시밀리안 신부가 있던 제14호 감방에서 한 사람이 없어졌다. 새로운 탈출자가 생겼다! 억류인들은 포로 한 사람이 도망치면 같은 감방에 있던 20명을 아사형에 처한다는 수용소장 프리치의 경고를 생각하고 몸을 떨었다.

그날 밤 그 감방에서는 누구 하나 잠을 청하지 못했다. 죽음과 같은 공포가 이 불행한 사람들을 사로잡았다. 교묘하고 잔혹한 고문에 시달려 차라리 죽음으로써 이 고통으로부터 해방되고 싶어했던 그들이었건만….

죽는 건 좋다. 그러나 어떤 죽음보다 가장 잔혹한 '이런' 죽음만은 도저히 받을 수 없다.

사형 집행대의 총탄에 맞아 쓰러지는 것 — 군인답게 죽는 것은 이들 용감한 사람들에게는 조금도 두려울 것이 없다. 그들은 조금도 떨지 않고 형장으로 걸어 나갈 수 있다. 그러나 창자를 말라 붙게 하고, 핏줄을 불붙게 하며 날뛰게 하는 이 말 못할 고통 속에서 언제 끝날

지 모르는 나날을 괴로워하며 지낸다는 것은 생각만 해도 피가 얼어붙고, 이름도 모를 공포에 휩싸이는 것이다.

수용소 안에는 '죽음의 감방'에 관한 무시무시한 이야기가 나돌고 있었다. 이 공포의 장소에서는 밤이면 이따끔 맹수의 부르짖음 같은 소리가 울려 퍼진다. 아사형에 처해진 사람들에게서는 인간다운 점이란 찾아볼 수 없어 간수들마저 무서워한다는 것이다.

그것은 굶주림의 고통 때문만이 아니라 목마름 때문에 그렇다는 것이다. 간디도 단식 투쟁을 하면서 물만은 마셨다! 물만 마실 수 있으면 굶어 죽는 것도 그리 어렵지 않다. 견딜 수 없는 고통은 바로 목마름의 고통인 것이다.

이 레지스탕스의 영웅들도 '내가 뽑힌다면 어쩌나?' 하며 어린애처럼 울었다. 막시밀리안 신부는 자기 옆에서 벌벌 떨고 있는 어린 소년에게 작은 소리로 말했다.

"그렇게 무섭니? 겁내지 마라, 꼬마야. 죽음이란 그토록 무서운 건 아니란다."

다음 날 아침 점호 때 수용소장은 도망간 사람을 찾지 못했다고 알렸다. 그리고는 14호 감방만 제외하고 모두 해산하라고 명령했다.

그들은 뜨거운 햇볕 아래 서 있었다. 몇 시간이 지났다. 그들에게 마실 것을 주는 것은 엄격히 금지되어 있었다. 나치스 헌병들이 그들을 감시하면서 몽둥이를 휘둘러 정렬시켰다. 이따금씩 쓰러지는 사람들이 생겼다. 몽둥이질도 아무 소용이 없게 되자 형리들은 기절해서 감각이 없어진 불쌍한 사람들을 난폭하게 열 밖으로 끌어내어 사람들 위에 내던져 포개 두었다. 시간이 흐를수록 사람 무더기는 점점 커졌다. '버티면서' 서 있는 사람들의 얼굴은 더위 때문에 부어 올라 알아볼 수 없게 되었다.

스무 번도 더 되게 의사의 사형 선고를 받은 바 있는 환자 막시밀리안 신부는 기절하지도 쓰러지지도 않았다. 십자가 밑의 성모 마리아처럼 그는 계속 서 있었다.

신부는 수백, 수천 번 "성모님과 함께라면 못 할 일이 없다."라는 말을 되풀이하지 않았던가?

이제 그 말을 증명할 때가 되었다. 모범을 보일 때가 된 것이다. 견딜 수 없는 7월의 태양 아래서 그의 결심은 서서히 무르익었다. 신부는 모든 것을 바쳤다. 자기의 것이 아닌 이 생명을 바칠 때가 마침내 온 것일까? 영혼의 깊은 침묵 속에서, 한낮의 사랑의 평화 속에서 그는 무슨 소리를 들었을 것이다. 시간은 자꾸 흐른다.

오후 3시경 경찰은 반 시간의 휴식을 주고 수프를 먹는 것을 허락했다. 이것은 그들의 마지막 식사였다. 그리고 그들은 밤이 될 때까지 차렷 자세로 서서 선고를 기다렸다.

수용소장 프리치는 거창한 제스처를 즐기는 사람이었다. 그는 또한 굉장한 교육적인 식견을 지니고 있다고 자부했다. 본때를 보여 줄 좋은 기회라고 생각하고 교활한 맹수 조련사처럼 적당한 시기를 기다렸다.

야간 점호 시간이 되었다. 밟혀 다져진 넓은 벌판에는 자기 일과를 마치고 돌아온 다른 감방 죄수들이 정렬했다. 그들의 눈이 모두 고문당하고 있는 동료들을 향하면서 그 수없이 많은 입술을 소리 없이 움직여 그들을 위해 기도했다. 늘어선 열을 따라 거의 느낄 수 있을 만큼 공포가 전해졌다.

프리치 소장은 천천히 돌아다니면서 보고를 받았다. 그러더니 14호 감방수들 앞에서 돌연 멈추었다. 그의 머리는 불독의 머리 같았다. 그는 분명 희생자들의 공포를 즐겁게 음미하고 있는 것이다. 파리 소리도 들릴 만한 침묵이 넘쳐 흘렀다.

갑자기 그는 말하기 시작했다(짖기 시작했다고 하는 쪽이 더 나으리라!). 발작적인 그의 말들이 한 마디 한 마디 죽음 같은 침묵 속에 떨어졌다.

"도망친 놈이 안 잡혔다. 너희 중 10명이 저 아사 감방에서 죽어야 한다. 이 다음 번에는 20명을 보낼 테다."

그는 첫째 줄로 다가가더니 한 사람씩 얼굴을 들여다보며 무언가 생각하는 듯했다. 그리고는 서투른 폴란드 어로 말했다.

"입을 벌려 혀를 내밀어라. 이빨을 보여!"

희생자들은 도살장에 끌려가는 동물처럼 가슴을 팔딱이며, 괴상한 모습을 한 채 소장을 쳐다봤다. 소장은 그들의 이빨을 자세히 관찰하는 척했다.

이것도 머리를 짜서 생각해 낸 잔인한 고문의 한 방법이었던가? 아니면 마시장(馬市場)에서 하듯이 건강 조사를 했던 것일까? 가장 튼튼한 자를 뽑으려는 것일까? 독일의 강제 수용소에서는 원칙적으로 건강이 좋은 사람이 벌을 덜 받는다. 그러나 프리치는 사디스트였고 변덕쟁이였다. 이 망령과 같은 사람들 사이를 죽음의 사자처럼 돌아다니는 일이 그에게는 즐거웠던 것이다.

마침내 그는 손을 들어 손가락으로 가리켰다.

"너!"

그의 보좌관 팔리치가 즉시 그 번호를 수형자 명부에 기입했다. 오셴침에서 인간은 한 개의 번호에 불과했다. 지적당한 사람은 새하얗게 질린 채 열에서 나왔다. 물을 끼얹은 듯한 침묵 속에서 거친 숨소리만이 한숨인 양 들려온다.

프리치는 계속해서 지적한다. 재미있나보다.

"너, 너, 그리고 너!"

10명이 되었다. 10명이 사형 선고를 받았다. 그들 중 한 사람이 열에서 나오며 울부짖었다.

"아, 불쌍한 마누라와 아이들을 이제 다시 못 보게 되었구나!"

열 가운데 남은 사람들은 한숨을 돌렸다. 인간이 얼마나 생명에 무서운 집착을 갖는지 알고 싶으면 강제 수용소에 한번 가 보라. 게다가 이번 경우에 생명을 건졌다는 것은 가장 잔혹한 죽음을 모면했다는 뜻이다.

프리치의 심복인 팔리치 보좌관은 새로운 명령을 내렸다.

"신발을 벗어!"

잘 알려진 습관이었다. 사형수들은 맨발로 형장에 가게 돼 있다. 나막신을 벗어던지는 소리 속에 한 사형수의 흐느끼는 소리가 섞여 들렸다. 바로 부인과 아이들이 불쌍하다고 한 그 사람이었다.

또 새로운 명령이 내렸다.

"좌로 돌앗!"

눈 뜨고는 못 볼 이 참혹한 광경에 많은 사람들은 몸서리를 쳤다. 왼쪽에는 저 무시무시한 13호 감방이 있다. 검은 벽의 사형 집행실, 사형대, 그리고 '아사 감방'.

갑자기 전혀 생각지 못했던 일이 일어났다. 한 사람의 포로가 놀라고 있는 동료들을 헤치며 열 밖으로 걸어 나오는 것이었다. 감히 그런 짓을 하다니! 머리가 약간 옆으로 굽은 그 사람은 그의 큰 눈으로 당황해 하는 프리치를 똑바로 쳐다보고 있었다.
 수군거리는 소리가 물결 퍼지듯이 이 열에서 저 열로 서서히 전해져 나갔다.
 "막시밀리안 신부다! 콜베 신부다!"
 소장은 권총을 쥐더니 한 걸음 뒤로 물러서며 외쳤다.
 "정지! 무슨 일이야? 이 폴란드의 돼지 새끼야!"
 막시밀리안 신부는 소장 앞에 섰다. 아주 침착했다. 미소까지 띤 것 같았다. 신부는 바로 옆의 사람에게만 겨우 들릴 것 같은 낮은 소리로 말했다.
 "저 사형수 중의 한 사람 대신 내가 죽겠소."
 프리치는 망연히 신부를 바라봤다. 꿈이라고밖에 생각할 수 없는 뜻밖의 소리를 들은 것이다. 어떠한 반대도 허용하지 않는 그, 자기의 결정을 결코 바꾸지 않는 그, 반항하는 자는 권총 한 발로 간단히 쓰러뜨리는 그, 그가 지금은 누구인지도 모르는 사람의 그 위압적인 맑은 시선을 받고 어쩔 줄 몰라 하고 서 있는 것이다. 이제 명령을 내리는 사람은 막시밀리안 신부 쪽이었다.
 소장은 얼빠진 사람처럼 물었다.
 "도대체 왜 그래?"
 단순한 호기심에서 묻는 것일까? 생각을 가다듬을 시간을 얻자는 것일까? 흡혈귀 프리치가 포로와 문답하는 것이다!
 막시밀리안 신부는 훌륭한 심리학자였다. 형리가 단숨에 패배하도록 하지 않으면 안 된다는 것을 신부는 잘 알고 있었다. 영웅적인 태도를 보였다가는 일을 그르칠지 모른다. 나치스들의 불문율인 '병든

자와 약한 자들은 처치해 버려야 한다.'라는 조항을 내세우는 게 더 좋겠다.
 신부는 대답했다.
 "나는 늙었고 아무짝에도 못 쓸 사람입니다. 살아 있어도 아무것도 못 하게 될 겁니다."
 "누구 대신에 죽겠다는 거냐?"
 "저 사람, 부인과 아이들을 가진 사람 대신입니다."
 신부는 슬피 울던 사람인 프란치스코 가조프니체크 중사를 가리켰다. 아주 가까이 있던 사람들을 제외하고 점호를 받으러 모였던 대부분의 포로들은 이 문답을 듣지 못했으므로 아무것도 몰랐다. 그들의 놀라움은 컸으나 그것은 프리치가 포로와 이야기하는 것을 지금까지 본 적이 없었기 때문에 놀랐던 것에 불과했다.
 프리치의 호기심은 한번 더 그의 잔인성을 억누를 수 있었다. 그는 알고 싶었다.
 "너는 누구냐?"
 짤막하면서도 엄숙한 대답이 나왔다.
 "천주교의 사제요."
 신부는 수도자라고 하지 않았다. 프란치스코 회원이라고도 하지 않았다. M.I.의 회원이라고도 하지 않았다(그 창립자라고 말하기엔 그의 겸손이 허락하지 않았다.).
 신부는 다만 사제라고만 했다. 그는 사제로서 죽을 것이고, 사제이기 때문에 죽으려고 하는 것이다. 사제는 인간이 이 지상에서 누릴 수 있는 가장 존엄한 특권을 보유한 사람이요, 주님의 성체와 성혈과 사죄권을 맡고 있는 사람이다. 죽음에 임한 사람들은 그들 최후의 싸움에 반드시 사제의 도움이 필요했기 때문이다.
 잠깐 침묵이 흘렀다. 흡혈귀 프리치의 머리와 가슴 속에 무슨 생각과 느낌이 떠올랐을까? 이 일은 자기로서는 도무지 어렴풋이나마 이해할 수 없는 일이라고 느꼈을까? 하여튼 그는 감히 "안 된다."라고 대답할 수가 없었다.
 막시밀리안 신부는 기다렸다. 그의 얼굴과 수염은 한없이 젊어 보였고 화사해 보였다. 신부는 프리치를 쳐다보고 있지 않았다. 그의 시선은 멀리 붉은 빛과 황금 빛으로 뒤덮여 넘어가는 태양을 향하고 있었다. 신부는 이 장엄한 평화 속에서 미사를 올리고 있는 듯했다. 점호 중에 이렇게 오랫동안 침묵이 계속된 적은 없었다.
 마침내 프리치는 쉰 목소리로 말했다.
 "좋다, 함께 가라."
 그는 욕설도 상소리도 하지 않았다. 그때부터 프리치는 입을 다물고만 있었다.
 막시밀리안 신부의 입술이 조용히 움직였다. 기도하고 있는 것이다. 틀림없는 일이다. 신부는 자기의 생명이 흡혈귀 프리치의 속죄를 위한 제물이 되게 해달라고 기도했을 것이다. 부소장 팔리치는 손에 연필을 쥔 채 결정을 기다리고 있었다. 결정이 내려지자 그는 명단 가운데의 한 번호를 지우고 대신 다른 번호 16670을 똑똑히 적어 넣었다. 절차는 아주 간단했다. 번호를 바꿔 적기만 하면 되는 것이다! 그렇지만 양의 열에 끌려 들어간 인간이 이렇게까지 질의 승리를 경축한 적은 결코 없었을 것이다.
 불타던 태양이 지평선에 걸리자 하늘은 거대한 성체 현시대처럼 빛났다. 목격자들은 이만큼 아름다운 석양을 본 적이 없었다고 한다.

막시밀리안 신부는 사제로서 최후의 미사를 바치려고 했던 것이다. 순교자 공통 미사의 제의색은 붉은 빛깔이 아니었던가!
　새로운 명령이 내렸다.
　"앞으로 갓!"
　사형수들은 맨발에 셔츠 바람으로 죽음의 감방을 향해 천천히 걸었다. 모든 사람들의 눈이 그 뒤를 따랐다. 막시밀리안 신부는 뒤에서 양 떼를 모는 목자처럼 맨 끝에 따라갔다. 머리를 약간 옆으로 기울인 채 가슴 속으로는 천국을 그리면서….
　"나의 모후, 나의 주님, 나의 어머니, 오 원죄 없으신 동정녀여, 당신은 약속을 지키시는 분입니다. 나는 지금 이 시간을 위해 태어났습니다."
　그들은 걸어가고 있고 밤은 찾아왔다. 이제 그들은 해를 등지고 밤 속으로 들어간다. 이 광경을 올바르게 서술하고 묘사하기 위해서는 단테의 펜과 렘브란트나 고야의 붓이 필요할 것이다. 그렇지만 가장 아름다운 것은 표현할 수 없는 법이다. 거기엔 흐느낌과 같은 침묵이 깃들어 있었다.
　오셴침 수용소의 안내자는 호기심에 찬 관광객들에게 수천 명의 희생자들이 말로 표현할 수 없는 고통 속에서 죽어간 '죽음의 감방'을 꼭 보여 준다. 지하에는 저 무서운 '아사 감방'들이 있다. 음습하고 캄캄한 이 감방들은 대개 빛이 들어갈 창문마저 없다.
　제 14호 감방의 사형수들이 도착한 때인 1941년 7월의 기념되어야 할 밤에는 이미 20여 명의 불행한 사람들이 옆의 지하 감방에서 죽어 가고 있었다. 두터운 벽도 그들의 부르짖음을 막지는 못했다. 새로 도착한 사형수들에게 옷을 벗으라는 명령이 내렸다. 공포로 인해 정신을 잃은 그들은 자동인형처럼 순종했다. 이 순간 막시밀리안 신부만은 그리스도께서 벌거벗은 몸으로 십자가 위에서 돌아가신 것을 생각했다. 그리고 분명한 의식과 열렬한 사랑을 지닌 채 그 명령에 따랐다.

지독한 모욕! 형리들은 그들에게 죽음 중에서 가장 잔인한 죽음을 내리기 전에 그들을 납작하게 짓밟아 버리려는 것이다. 핏자국이 여기저기 묻은, 줄이 죽죽 그어진 초라한 누더기 옷을 입힘으로써 사형수들에게 마지막으로 남은 인간의 존엄성마저 그들은 빼앗아 가려는 것이다.

그러나 이번에는 그들의 계산이 맞아 들어가지 않았다. 그들이 개머리판으로 때리면서 햇빛도 공기도 잘 통하지 않고 이부자리 하나 없는 이 감방 안으로 밀어 넣고 있는 저 가련한 무리들, 빈사 상태의 그들에게는 목자가 있었다! 그들과 함께 죽을 뿐 아니라 그들의 임종을 도와 주기 위한 사제가 그들과 함께 있었던 것이다!

울음소리로 가득 찬 컴컴한 심연 위에 육중한 문이 내려졌다. 이 순간부터 사형수들은 먹을 것도 마실 것도 얻지 못한다. 간수 한 사람이 비웃듯 말했다.

"네놈들은 튤립처럼 말라 죽을 게다(독일 속담)."

그렇지만 그들도 이번에는 무언가 다른 게 있음을 곧 알 수 있었다. 오늘까지 지옥의 축소판인 이 '아사 감방'은 사형수들의 아우성으로 떠나갈 듯했었다. 다만 죽음만이 서서히 그들을 조용하게 만들 수 있었을 뿐, 운명의 옥문이 닫힌 후 며칠 동안은 절망적으로 완전히 발광하고 말았던 것이다.

그런데 놀랄 일이다! 이번 사형수들은 아우성치지도 저주하지도 않고 노래를 부르는 것이었다. 그리고 방금까지도 울부짖고 외치는 소리뿐이던 그 옆 감방도 자그마한 소리로 그 노래에 화답했다. 이 고통스럽던 장소가 열심한 성당으로 변해 이 감방 저 감방이 기도와 노래로 화답하고 있는 것이다.

놀란 형리들은 서로 쳐다보며 말했다.

"이런 일은 처음 보는데!"

어떤 작가들은 이 폐쇄된 감방의 비밀을 미화시키려고 노력한다. 그들은 물론 막시밀리안을 영웅적인 주동자로 만들어 숭고한 대화와 굉장한 회개와 놀랄 만한 행동을 꾸며 낸다. 죽음을 맞는 소크라테스처럼 신부는 이 최후의 며칠을 이용하여 그들에게 설교하고, 빛을 주고, 그들의 영혼을 차원 높은 관상으로 감동시켰다고 한다.

그러나 나는 침묵하고 싶다. 사실만을 수록한 이 책에는 막시밀리안 신부가 정말로 한 말이라고 공식적으로 증명되지 않은 것은 수록하지 않겠다. 수많은 증인들에 의해 증명되지 않은 사실은 하나도 말하지 않겠다. 하느님께서 밝히시기를 보류해 둔 것을 굳이 알아 내려 하지 말자. 그런 것들은 다른 날, '주님의 날'에 가장 웅대한 영화 필름으로 주님께서 손수 우리에게 보여 주실 것이다.

사실이란 우리의 변변치 않은 상상력이 창작해 낼 수 있는 것보다 훨씬 아름답다는 것을 확신한다. 성인을 이해하기 위해서는 성인이 돼야 한다. 따라서 어떤 때는 우리가 해야 할 일이 하나밖에 없을 수도 있다. 그것은 말없이 무릎을 꿇고 기도하는 일이다.

막시밀리안 신부는 가장 위대했던 인간인 소크라테스처럼 죽은 것이 아니다. 신부처럼 죽기 위해서는 인간의 힘보다도 위대한, 인간의 힘보다도 훨씬 더 고귀한 힘이 필요하다. 다시 말하면 인간성이 물이나 빵보다 더 굶주리고 목마르게 바라는 '하느님의 도우심'이 필요한 것이다. 막시밀리안 신부는 십자가 위의 그리스도께서 죽으신 것과 똑같이 죽을 수 있을 만큼 충분한 도우심을 받았던 것이다.

이제 지하 감옥은 교회로 변해 버렸다. 목소리는 매일 약해졌다. 이 속에서 생겼던 일에 관해 우리는 거의 알지 못한다. 시체 운반의 일을 맡고 있던 보르고비에크라는 한 억류자의 귀중한 증언에 의해 어느 정도 알 수 있을 뿐이다(나치스 경찰들은 환기 장치도, 배수 장치도 없어 독성 공기로 가득 차 있는 이 지하 감옥 속으로 감히 들어가려 하지 않았다.).

보르고비에크는 매일 시체를 운반하러 들어갔었는데 그 때마다 막시밀리안 신부는 '다른 사람들이 시체처럼 누워 있을 때에도' 감방 한가운데서 무릎을 꿇거나 선 채, 높은 소리로 기도하고 있는 것을 보았다. 나치스 경찰들은 신부가 사형수와 이야기를 하지 못하도록 문 옆에서 늘 감시했다. 보르고비에크의 증언에 의하면 사형수들은 때로는 문 여는 소리도 못 들을 만큼 '기도하기에 정신이 없었고', 나치스 경찰들의 고함 소리에야 겨우 소스라쳐 놀라곤 했다는 것이다.

얼마 뒤 어떤 사형수들은 울면서 물을 좀 달라고 애원하게 되었지만 막시밀리안 신부는 변함 없이 평온했고 아무것도 요구하지 않았으며 형리들을 '잠잠히' 쳐다볼 뿐이었다.

형리들은 이 시선을 견딜 수 없어 "저리로 눈을 돌려! 그렇게 우리를 보지 말아!" 하고 외쳤다. 밖으로 나오면서 그들은 "저런 사람은 처음 봤단 말이야." 하고 서로 이야기했다.

이것은 좀 지저분한 이야기로서 민감한 사람에게는 불쾌하게 들릴지 모르나 그대로 소개하기로 한다. 적어도 그들의 괴로운 체험의 하나로서 읽어 주기를 바란다. 보르고비에크는 증언하기를, 자기는 매일 변기통을 비우는 일도 맡고 있었지만 이 통들은 항상 텅 비어 있어서 비울 필요가 없었다고 한다.

며칠이 지났다. 오셴침의 포로들은 죽어가는 사람들을 위해 기도하고 있었다. 그들은 적어도 죽은 날짜만이라도 알아 두자고 불침번을 조직했다. 단순한 우연의 일치였던가? 어떤 증인은 이런 말을 한다. "막시밀리안 신부의 희생은 많은 포로들의 목숨을 구했다. 왜냐 하면 경찰들도 감동을 받았던지 작업 중에는 아무도 때리거나 죽이지 않았기 때문이다."

사실 오셴침의 고참 포로들이 잘 알고 있었듯이 1941년 가을부터 수용소의 생활 조건은 다소 완화되었던 것이다. 살아 남은 고참들은 신참 포로들에게 늘 "자네들이 1940년에 여기 와 있었다면!"하고 되풀이했다.

나는 단언하지 않겠다. 다만 사실만을 그대로 이야기할 뿐이다. 이 점에 있어서도 어떤 인과 관계를 단정하는 일은 후일로 미루기로 한다. 막시밀리안 신부는 죽음의 감방 속에서 그 형리들을 위해서도 기도했다. 어떤 경우에 그 기도가 이루어졌다고 믿는 것은 결코 경솔한 짓은 아닐 것이다.

며칠이 지났다. 성모 승천 축일 전날이었다. 막시밀리안 신부의 감방에 아직 살아 있는 사람은 4명뿐이었고 충분히 의식을 가지고 있던 사람은 신부뿐이었다. 그는 이제 서 있지도 무릎을 꿇고 있지도 않았다. 앉아 있었다. 그는 그의 양들과 하나하나 헤어졌다. 의식을 잃은 채 땅위에 누워 있는 최후의 세 사람도 하느님 앞에 불려 갈 준비가 다 돼 있었다. 착한 목자는 그의 임무를 마쳤던 것이다. 이제 쉴 수 있다. 이제야말로 그는 죽을 수 있는 것이다.
 경찰들이 그를 처치하러 들어왔을 때 신부는 한쪽 구석 땅 위에 앉아 기도하고 있었다. 주사기를 보자 신부는 스스로 앙상한 팔을 뻗쳐 죽음의 주사를 받았다. 보르고비에크는 그 이상 볼 수가 없어 자리를 피했다.
 잠시 후 보르고비에크는 그 지하 감방의 '청소'를 명령받았다. 들어가 보니 막시밀리안 신부는 여느 때처럼 머리를 약간 옆으로 숙이고 벽에 기대앉아 있었다. 큰 눈을 뜬 채 탈혼 상태인 것처럼 한 곳을 주시하고 있었는데 얼굴은 맑게 빛나고 있었다.
 다른 시체들은 더러웠으며 그 얼굴이 일그러지고 참혹한 모습이었지만 "신부의 시체는 깨끗하고 빛을 발하는 듯했다."고 한다. 보르고비에크는 그것을 보았을 때의 인상은 결코 잊을 수 없을 것이라 하며 끝을 맺는다.
 신부가 죽었다는 소식에 동료들은 아버지를 잃은 것처럼 울었다. 그들은 신부의 시체를 화장시키지 않으려고 노력했지만 실패로 돌아가고 말았다. 다른 사람들과 똑같이 신부도 밤낮을 가리지 않고 타오르는 화장장의 가마솥 속에서 소각돼 버렸던 것이다.
 '막시밀리안 콜베의 새로운 탄생일 • 1941년 성모 승천 전날'
 성실하신 동정녀이신 성모님은, 성모님의 최고의 영광을 기념하기 위해 전 교회가 준비하고 있을 때 막시밀리안 신부에게 찾아 오셨다. 어느 날이던가 신부에게 보여 주셨던 저 희고, 붉은 두 개의 관을 손에 쥔 채 성모님께서 이 즐거운 축일 전날에 그에게 찾아오셨으리라고 믿는 것은 억측일까?

살아있을 때 신부는 즐겨 이런 말을 되풀이했다.
"이 지상에서 우리들은 한쪽 손으로밖에 일하지 못합니다. 왜냐 하면 다른 손으로는 우리가 타락하지 않도록 우리를 단단히 붙잡고 있어야 하기 때문입니다. 그러나 천국에서는 그렇지 않습니다. 미끄러질 염려도 타락할 위험도 없습니다. 천국에서 우리는 두 손으로 더 많은 일을 할 수 있는 것입니다."

막시밀리안 신부여, 당신을 사랑하고 이해하던 모든 사람들은 당신이 약속을 지키는 사람이라는 것을 잘 알고 있다. 지극히 선하신 동정녀께서 당신을 한없이 신용하고 계시므로 당신에게 간청해서 이루어지지 않을 일은 없으리라고 믿는다. 당신의 중개로 얼마나 많은 육체가 병에서 치유되고, 얼마나 많은 영혼이 부활할 수 있었던가? 분명코 당신은 시간을 허비하지 않은 사람이다. 하느님께서 당신에게 성인의 영광을 주셨으니 이 갈팡질팡하는 세계는 당신을 믿음직한 안내자로 삼아 빛나는 내일을 향해 험난한 상승을 이룩해 나갈 것이다.

그것은 사랑만이 증오를 이길 수 있는 법이고, 하느님께 대한 신앙을 갖게 하기 위해서 때때로 인간 신뢰가 선행되어야 하기 때문이다. 절망이 그 극도에 달하고 '타인'을 '지옥'처럼 경계하는 시대에 당신은 즐거운 마음으로 '한없는 사랑'의 메시지를 가져왔다. 그것도 결코 프란치스코회 수도원의 평화 속에서가 아니라, 철저하게 지옥과 같은 논리로써 증오를 길러내는 수용소의 비인도적인 공포 속에서 실천했던 것이다.

당신은 이 시대에 맞게 살았으며 놀라울 만큼 현대적이고, 또 우리와 같은 시대의 사람이다. 당신은 죄 외에는 아무것도 피하지 않았다. 인간과 인간의 노동, 발명, 기술적 진보를 신뢰하였다. 당신은 모든 것을 인도하고 도맡아서 영광의 찬미가 속에 합류시키는 일만을 원했다. 퍽이나 현대적이었던 당신은 어제와 다름 없이 오늘도 역사의 물결 위에 아름다운 글씨를 써 나가시는 하느님의 섭리를 믿었다. 당신은 절대로 패망하는 일 없이 십자가 위에서 왕이 되시는 그분의 승리를 단호하게 믿는 것이다.

당신의 비결은 무엇인가? 당신은 이야기한다. 그것은 바로 '모든 은총을 우리에게 내리게 해주시는 분'이라고. 당신의 열렬한 사랑의 말보다도 당신의 전 생애, 당신의 죽음이 우리들을 더욱 매혹시키고 감복케 하며 분발케 한다. 당신 자신이야말로 당신 철학의 가장 아름다운 설명이다. 당신과 함께, 당신처럼 상승하기 위해서는 성모님의 아름다우신 손을 '한없이' 신뢰하고 '흰 사닥다리'의 가파른 계단을 한 걸음 한 걸음 똑바로 올라가는 것만으로 충분하지 않겠는가? 다만 그 맨 첫걸음이 어려울 뿐이다.

지금도 성모님은 당신을 낚싯대로 삼아 기적적인 고기잡이를 할 준비를 하고 계실 것이다.

부 록

1971년의 니에포칼라누프

1945년 니에포칼라누프는 소련기에 의해 폭격당했다. 건물의 일부를 나치스들이 점령했었는데 그들은 그 근처에 비행장을 건립했었던 것이다. 폭격으로 인해 7명의 수사가 사망했다. 전쟁 직후 막시밀리안 신부의 아들(수사)들은 푸른 잡지의 복간을 서둘렀는데 얼마 안 되어 25만 부를 출판하게 되었다. 동시에 니에포칼라누프는 각종 성물, 특히 기적의 메달을 제조 판매할 허가도 얻었다.

1950년 이후 폴란드 인민 정부는 독일인들이 가져가지 못한 윤전기와 식자기들, 그리고 다른 인쇄 기계와 재료들을 압수하고 성물 제조 허가를 철회했다. 그 뒤 막시밀리안 신부의 아들들의 운명은 폴란드 정부의 손에 들어가 버리고 말았다. 교회 건립 금지령이 나오기 이전에 허가를 얻어 수사들이 지은 유일한 교회당이 그 잔해만을 남기고 있다. 그 교회를 지은 수사들은 그 후 건축 기술과 성 미술을 전공했으므로 폴란드 주교들에 의해 교구 평의회에 참석해 달라는 초대를 여러번 받았다.

현재(1971년) 니에포칼라누프에는 15명의 사제와 180명의 수사, 120명의 신학생들이 있다. 수련원에 들어가려면 특별한 자격 시험을 치러야 한다. 수사들은 노동, 제조, 전문 기술직(시계 제조) 등에 종사하고 있는데 출판물 전교 활동이 금지당하자 그들은 어떤 종류의 사도직도 다 해내게 되었던 것이다.

'막시밀리안 콜베 신부의 현존과 보호를 느낄 수 있는' 니에포칼라누프는 영성 생활의 중요한 터전이 되었다. 피정, 순례, 반성의 날 등 행사가 계속해서 행해진다.

비진스키 추기경은 니에포칼라누프를 '폴란드의 나자렛'이라고 불렀다. 막시밀리안 신부가 쓰던 방은 정성껏 보존되어 있는데 이곳은 은총의 장소, 특히 회개의 장소로 알려져 있다.

막시밀리안 신부의 사업은 일본에서 놀랄 만한 성공을 거두었다. 한 예를 들면 사목에 종사하는 12개의 수도원, 6개 본당, 일본인 신부 55명(폴란드 신부는 아주 노인인 5명뿐이다.), 수사를 포함하면 전부 103명의 수도자가 있다. 일본어 잡지 「성모의 기사(Seibo no Kishi)」는 발행 부수가 75만 부에 달한다. 아주 정성들여 만들어 인기가 있는 이 잡지는 일본에서 가장 중요한 가톨릭 잡지이다. 일본 수도자들은 한국, 브라질, 가고시마 등에 진출했다. 막시밀리안 신부의 추억은 아직도 생생하게 남아 있으며 신부의 보호가 기적적인 효과를 나타내고 있다는 데에 모든 수사들의 의견이 일치한다. 일본인들로만 구성된 수녀원도 있는데 수녀의 수는 1백명쯤 된다.

역자 부기 • 막시밀리안 신부의 뜻을 받드는 이탈리아의 꼰벤투알 성 프란치스코회 선교사들은 1958년 한국에도 니에포칼라누프를 설치하고자 진출하여 대구시 수성구 범어동, 부산시 부산진구 대연동, 서울 용산구 한남동 등지에 수도원과 성당을 세워서 사목 활동을 하고 있으며, 특히 부산 대연동과 경남 동래군 일광면에 보육원 및 음성 나환자 수용소를 세워 경영하고 있다. 대구시 수성구 범어동의 본당과 수도원 자리는 원래 '원죄 없으신 성모의 마을(니에포칼라누프)'을 설치할 계획으로 구입한 것으로, 현재 이곳에서 잡지 「성모의 기사」가 발간되고 있다.

참조: '대구시 수성구 범어동의 본당과 수도원'은 1997년부터 '대구시 달서구 진천동'으로 옮겨졌고, 잡지 '성모의 기사'는 이름을 '성모 기사'로 바꾸어 '서울 용산구 한남동 프란치스꼬회'에서 발간하고 있다.

한국을 거쳐간 막시밀리안 신부

막시밀리안 신부가 일본 나가사키에서 친동생 알풍소 신부(兒名 요셉)에게 보낸 편지 중에 한국에 관한 다음과 같은 구절이 있다.

「사랑하는 동생아, 나는 여기 오자마자 두루 이곳을 살피며 마음을 가다듬었다. 오늘 주일을 맞아 네게 한두 줄 글을 쓴다. 모기가 많아 걱정이다. 아직 왼팔의 물린 데가 아프나 이것도 원죄 없으신 성모님을 위한 것이다.

모기한테 물리지 않기 위해서는 담요를 뒤집어 써야 하는데 더워서 그것도 못할 형편이다. 이런 것을 참는 것도 될 수 있는 대로 많은 영혼을 성모님께 돌아오도록 하는 데 도움이 될 것이다.

원죄 없으신 성모님께서는 우리를 나가사키까지 무사히 인도하셨다. 우리는 폴란드의 바르샤바를 7시 40분에 떠나 기차로 시베리아를 거쳐 만주를 지나 한국의 부산에 도착하니 꼭 12일 후 7시 30분이었다. 부산에서 시모노세키까지 배로 8시간이 걸렸고 여기서 나가사키까지 기차를 탔다.

한국은 내가 전혀 모르는 나라였다. 그 경치를 구경하고 또 구경하여도 싫증이 나지 않는 아름다운 나라였다. 부산은 한국의 마지막 기착지였다. 여기서 놀라운 일을 알게 됐다. 기차에서 내려 배에 오르기 전에 4시간이나 자유로운 시간이 있어서 미사를 드리고 싶었으나 성당이 어디 있는지 아무도 아는 사람이 없었다.

어떤 순경이 한국에 성당은 3개밖에 없고(역자주・그 순경이 잘못 알고 있었던 듯하다.) 부산 시내에는 프로테스탄트 교회가 6개 있다는 것을 알려 주었다.

원죄 없으신 성모님께서는 그 언제나 이렇게 아름다운 나라를 다스리실 것이며, 거룩한 당신 아들 나라를 세우실 것인가!

1930년 8월 31일
막시밀리안 콜베 수사

연 보

1894년 : 폴란드 즈둔스카볼라에서 아버지 줄리오 콜베, 어머니 마리아 다브로프스카 콜베의 둘째 아들로 탄생(1월 7일), 얼마 후 파비아니체로 이사함.
1907년 : 라부프 소신학교 입학(9월).
1910년 : 라푸브 수련원에서 수련 시작(9월 4일).
1911년 : 유기 서원(9월 5일).
1912년 : 그레고리안 대학에서 공부하기 위해 로마에 도착(11월 10일).
1914년 : 로마에서 종신 서원(11월 1일).
1915년 : 그레고리안 대학에서 철학박사 학위 획득(10월 22일).
1917년 : 여름에 폐결핵 발병. M. I. 창설(10월 17일).
1918년 : 사제로 서품됨(4월 28일).
1919년 : 신학박사 학위 획득(7월 22일). 폴란드로 귀국(9월). 크라쿠프에서 교수 생활. M. I. 조직 개시(10월).
1920년 : 자코파네의 요양소에서 2년간 치료 받음(1920년 1월에서

연 보

1921년 12월까지).

1921년 : 다시 크라쿠프로 돌아와 M. I. 지도(12월).

1922년 : 잡지「원죄 없으신 성모의 기사」창간(1월). 그로드노로 이동됨(10월).

1925년 : 병으로 자코파네에서 휴양함(1925, 12월—1927, 4월).

1927년 : 부활절 이후 다시 그로드로에 돌아옴. 바르샤바 근처의 넓은 땅을 사서(8월) 니에포칼라누프 건설 시작(10월).

1929년 : 일본 전교를 위해 폴란드 출발(12월 30일).

1930년 : 일본 나가사키 도착(4월 24일). 한 달 후 일본어 잡지「성모의 기사」창간.

1931년 : 일본에 니에포칼라누프 설치(5월).

1932년 : 인도의 에르나쿨람에 도착하여 이곳 주교로부터 프란치스코회의 인도 선교 허가를 얻음(6월).

1936년 : 폴란드로 돌아와 니에포칼라누프 원장에 취임(6월). 이후 계속 이곳에 머무름.

1939년 : 신부와 니에포칼라누프의 수사들이 나치스 헌병에게 체포됨(9월 19일). 암티츠 수용소(9월 29일~10월 9일), 오스체슬로 수용소(10월 9일~12월 8일) 등에 억류되었다가 석방되어 니에포칼라누프로 돌아옴(12월 8일).

1940년 :「성모의 기사」복간(12월 8일). 이후 폐간됨.

1941년 : 나치스 경찰에 의해 체포됨(2월 17일). 파비악 형무소에 투옥되었다가 다시 오셴침(아우슈비츠) 강제 수용소로 이송됨(5월 28일). 오셴침의 아사 감방에서 보름간 굶주린 후 독약 주사를 맞고 임종(8월 14일).

1945년 : 신부의 시복 조사 시작(파도바, 바르샤바, 나가사키, 로마 등지에 조사단 파견).
1960년 : 교황 요한 23세에 의해 막시밀리안 신부의 경우에는 사후 50년이 경과되지 않고서도 시복 조사회를 열 수 있도록 허락됨(3월).
1969년 : 교황 바울로 6세에 의해 신부가 성덕을 영웅적으로 실행했음이 발표되고 존자의 칭호를 얻음.
1971년 : 시복식(10월 17일).
1982년 : 시성식(10월 10일).

옮기고 나서

막시밀리안 콜베 신부님의 일생 — 그 활동과 사상은 이에 접하는 사람을 누구나 감동시키고 남음이 있습니다. 신부님의 정력적인 활동은 활동가들에게, 신비적 신학은 관상가들에게 각각 큰 용기와 기쁨을 준다는 점에서 신부님은 만인의 존경을 받을 만한 분이 아닐 수 없습니다. 신부님의 이런 삶과 죽음은 폴란드 태생의 저술가로 저 가공할 아우슈비츠를 체험한 마리아 비노프스카(Maria Winowska) 여사에 의해 더욱 생생하고 아름답게 부각되는 것입니다.

비노프스카의 프랑스말 원본이 출판되자마자 이 전기는 다투어 각 국어로 번역되고 또 중판되었습니다만 아직껏 한국에는 신부님이 널리 알려져 있지 않아, 우리와 같은 세기를 살다 간 신부님의 모습을 하루 바삐 소개하고 싶은 마음에서 졸필을 감히 든 것입니다.

텍스트는 Maria Winowska : Le Secret de Maximilien Kolbe, Editions Saint-Paul, Paris-Fribourg, 1971 판을 택했고 A. Ricciardi : Padre Massimiliano Kolbe, Roma, 1960 판과 岳野慶作 : 福者 マキシミリアン・コルベ 神父傳(長崎・1971)을 참고했는

데, 텍스트의 12페이지가 되는 머리말(신부님의 사상 개요)은 일부만 게재했고 텍스트의 부록 2(신부님에 관한 증언록)는 생략한 대신 신부님의 한국에 대한 인상을 적은 편지와 신부님의 연보를 첨가하였음을 밝힙니다.

1974년 신부님의 시복 기념일에
역 자 씀

개정판을 내면서

1974년 10월 30일, 이 책의 1판 1쇄가 나온 이래 15년 동안 이 책은 꾸준히 읽혀져 12쇄까지 나오는 경사가 있었다. 이것은 오로지 막시밀리안 콜베 신부님의 매혹적인 삶과 죽음의 감화 덕분이라고 믿어진다. 이번에 성바오로 출판사에서는 새 맞춤법에 따라 초판의 철자를 고치고 가로쓰기로 개정판을 내게 되었다. 원문과 대조하면서 마음에 들지 않는 번역을 모두 고치고 싶었으나 다른 일에 쫓기어, 초판의 중요한 잘못만 바로잡는 데 그쳤다. 다음 기회에 비노프스카 여사의 최신판에 따른 새로운 번역서를 낼 기회가 있기를 소망하며 개정판의 서문을 적는다.

1991년 신부님의 시성 기념일에
옮긴 이 씀

■ 저자 소개

마리아 비노프스카(Maria Winowska)

1910년 동부 폴란드에서 출생.

폴란드 라부프 대학 졸업 후 그 대학 그리스어 교수 역임.

2차 대전 중 독일 나치스 경찰을 피해 프랑스로 망명한 후 프랑스에서 지하 신문을 간행하다가, 1944년 나치스 경찰에게 체포되어 1년 동안 아우슈비츠에서 강제 노동.

현재 프랑스 파리에서 살고 있음.

저자는 이 콜베 신부 전기로 프랑스 학술원상을 받았음.

저서로는 이 번역서의 원저인 「막시밀리안 콜베의 비결」(Le secret de Maximilin Kolbe) 외에 「가난한 이들의 행복」(La Béatitude des Pauvres) 등 30여 편이 있음.

■ 역자 소개

김동소(金東昭)

1943년 개성 출신. 경북대학교에서 한국어학 전공.

현재 대구효성가톨릭대학교 국어국문학과에서 한국어의 역사와 알타이어학 강의.

저서로는 「한국어와 퉁구스어의 음운 비교 연구」, 「동문유해 만주문어 연구」, 「여진어·만주어 연구」, 「한국어 변천사」, 「김동소의 쌈빡한 우리말 이야기」 등 10여 종이 있고,

번역서에 「막시밀리안 콜베」, 「언어―계통과 역사―」, 「알타이어 형태론 개설」이 있다.

막시밀리안 콜베

지은이 : 마리아 비노프스카
옮긴이 : 김동소
펴낸이 : 백기태
펴낸곳 : 성바오로
주소 : 서울 강북구 송중동 103-36
등록 : 7-93호 1992. 10. 6
교회인가 : 1974. 8. 16
1판 1쇄 : 1974. 10. 30
1판 12쇄 : 1989. 11. 25
2판 1쇄 : 1991. 7. 20
2판 7쇄 : 2011. 2. 15
SSP 267

취급처 : 성바오로보급소
전화 : 9448--300, 986--1361
팩스 : 986--1365
통신판매 : 945--2972
E-mail : bookclub@paolo.net
http://www.paolo.net

값 7,000원
ISBN 978-89-8015-166-0